Horst Hübel
Quantenphysik - Erstkontakt

Über den Autor:

Er war viele Jahre als Gymnasiallehrer für Mathematik und Physik in Würzburg tätig und bildete als Seminarlehrer für Physik junge Referendare zu Physiklehrern an Gymnasien aus. Als promovierter Diplomphysiker arbeitete er in der Atom- und Kernphysik und der Festkörperphysik und erwarb sich dabei gründliche Kenntnisse der relativistischen und nichtrelativistischen Quantentheorie und der Vielteilchentheorie. Seine Kenntnisse konnte er auch bei Lehraufträgen an Studenten weitergeben. Während seiner schulischen Tätigkeit betrat er vielfach Neuland im Bereich des forschenden Lernens, vor allem mit Schülerversuchen zur Erarbeitung physikalischer Sachverhalte. Er entwickelte Soft- und Hardware für den Computereinsatz im Physik-Unterricht mit den zugehörigen neuartigen unterrichtlichen Konzepten und entwarf ein neues didaktisches Konzept zur Behandlung der Quantenphysik in der Schule, das „Würzburger Quantenphysik-Konzept", zu dem hier Unterrichtsmaterialien vorgestellt werden.

Vom Autor stammen auch die Bücher:

Schülerversuche mit PC und Mikroprozessor – Wege zum forschenden Lernen, Aulis Verlag Deubner, Köln 2005

Was Sie schon immer über Quanten wissen wollten, BoD, Norderstedt, 2009, ISBN 978-3-8370-8714-7

Schüleraktivierende Unterrichtsmaterialien, Band 1, Auf dem Weg zur Quantenphysik, BoD, Norderstedt, 2007, ISBN 978-3-8370-1320-7

Schüleraktivierende Unterrichtsmaterialien, Band 2, Heuristische Methoden, BoD, Norderstedt, 2007, ISBN 978-3-8370-0630-8

Schüleraktivierende Unterrichtsmaterialien, Band 3, Atomphysik, BoD, Norderstedt, 2007, ISBN 978-3-8370-1321-4

Grundlagen der Quantenphysik – Das Schülerbuch, BoD, Norderstedt, 2011, ISBN 978-3-8423-4748-9

Physikalische Schülerversuche mit PC und Mikroprozessor - Wege zum forschenden Lernen, BoD, Norderstedt, 2013, ISBN 978-3-8482-3256-7

Quantenphysik Erstkontakt

Von

Horst Hübel

Würzburg

Bibliografische Information Der Deutschen Bibliothek

Die Deutsche Bibliothek verzeichnet diese Publikation in der Deutschen Nationalbibliografie; detaillierte bibliografische Daten sind im Internet über <http://www.dnb.ddb.de> abrufbar.

Herstellung und Verlag:

Books on Demand GmbH, Norderstedt

ISBN 978-3-7347-5992-5

Inhaltsverzeichnis

I.1 Vorbemerkung

Du bist umgeben von Gegenständen, die erst durch die Entwicklung der Quantenphysik möglich wurden. Dazu gehört der PC genauso wie die Playstation oder der Laserpointer. Die Quantenphysik beschäftigt sich mit den ganz kleinen Dingen, aus denen die Materie aufgebaut ist, mit Atomen und Molekülen, mit Elektronen und Protonen, mit den "Lichtteilchen", den Photonen, und vielen mehr. Alle diese Teilchen sind – sofern man überhaupt von einer Größe sprechen kann - so klein, dass sie mit dem Auge oder mit Lichtmikroskopen nicht gesehen werden können. Deswegen spricht man von der Mikrophysik ("mikro" ≈ klein) im Unterschied zur Makrophysik ("makro" ≈ groß). Das ist eine wundersame Welt, die sich häufig völlig anders verhält als die makrophysikalische. Aber: Warum auch sollten die Kenntnisse aus der Makrophysik ebenfalls in der Mikrophysik gelten, die erst ca. 100 Jahre der Forschung zugänglich ist?

I.2 Einige Vorkenntnisse

Du weißt sicher schon, dass die kleinsten Einheiten aller Körper, die aus dem "Material" dieser Körper bestehen, Atome bzw. Moleküle sind. Aber ein Atom ist nicht unteilbar. Es lässt sich weiter zerlegen. Dann findet man den winzig kleinen positiv geladenen Atomkern und eine Elektronenhülle, die aus negativ geladenen Elektronen besteht. Elektronen stellen die kleinste freie Ladung dar. Sie tragen eine negative Elementarladung -e. Der Atomkern wiederum besteht aus positiven Protonen und neutralen Neutronen. In den Protonen und Neutronen gebunden findet man Quarks (englisch ausgesprochen), die 1/3 oder 2/3 einer positiven oder negativen Elementarladung tragen. Sie können niemals einzeln frei auftreten.

Im Photoeffekt mit Licht wurden Beobachtungen gemacht, die Einstein durch die Annahme von Photonen deuten konnte. Danach kann man sich einfarbiges (monochromatisches) Licht auch als einen Strom von Photonen einheitlicher Energie vorstellen. Je mehr Energie ein Lichtstrahl enthält, desto mehr Photonen werden durch ihn transportiert. Bei sichtbarem Licht haben die Photonen eine Energie von ca. 1,5 bis ca. 3 eV. Für Licht einer bestimmten Farbe bzw. Wellenlänge bilden also Photonen sozusagen die "Atome des Lichts". Heute gilt der G-R-A-Versuch [i] als zwingendstes Indiz für die Existenz von Photonen.

Für die Lektüre dieses Artikels sind Kenntnisse über klassische Wellen und ihre Interferenz nützlich.

Im Internet findest du zu allen Stichworten des folgenden Textes weitere Erläuterungen. Wenn du in die Suchmaschine zum Stichwort auch noch "forphys" (das ist der Name der Homepage des Autors) eingibst, findest du höchstwahrscheinlich Informationen, die für die Schule zugeschnitten sind.

I.3 Ein Hinweis zum didaktischen Konzept dieses Textes

Dieser Text orientiert sich am **"Würzburger Quantenphysik-Konzept"** [ii]. Bei ihm geht es nicht um die Frage, ob Quantenteilchen Wellen oder Teilchen seien. Diese Frage ist entschieden: Quantenteilchen sind keine klassischen Teilchen und schon gar keine klassischen Wellen. Sie sind etwas Eigenes, spezifisch für die Mikrophysik. In diesem Text wird vielmehr vermittelt, wie einige wenige **"Grundfakten der Quantenphysik"** wesentliche Aspekte der Quantenphysik bestimmen. Sie führen die "Wesenszüge" von Küblbeck und Müller fort ohne auf das Zeigermodell Bezug zu nehmen.

Viel Freude und Erfolg bei der Lektüre,

Horst Hübel, Januar 2015

II.1 Wie funktioniert eine makrophysikalische (klassische) Messung

Stell' dir vor, du und deine Freunde, ihr möchtet mit einem groben Längenmaßstab den Abstand zwischen zwei Punkten messen. Du findest 2,0 cm, deine Freunde 2,2 cm und 1,9 cm. Wer hat Recht? Du findest es heraus, wenn du die Messung mit mehr Sorgfalt wiederholst. Bei mehrmaligen Messungen findest du immer wieder 2,0 cm. Diesen Wert glaubt ihr schließlich. Der Wert 2,0 cm ist bei mehrfacher Messung "reproduziert" worden. Misst du dagegen deinen Blutdruck und findest in aufeinanderfolgenden Messungen 120 mm Hg, 135 mm Hg, 100 mm Hg und 140 mm Hg, so glaubst du keinem dieser Werte, weil sich kein Messwert reproduziert hat.

II.2 Wie funktioniert eine quantenphysikalische Messung?

Betrachte nun ein Polarisationsexperiment [iii]:

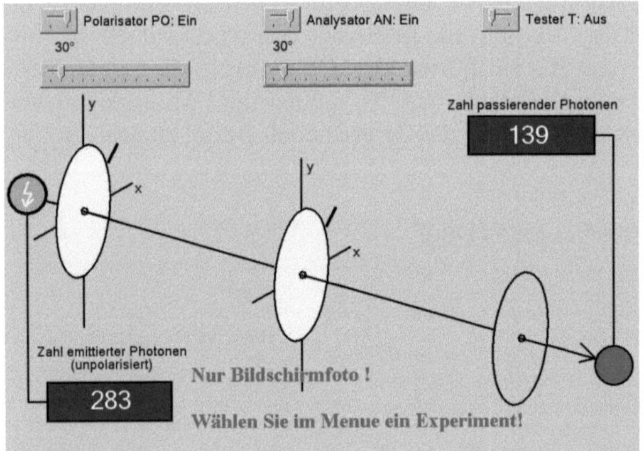

Es geht um die Messung der Polarisation [iv] von Photonen aus einer Lichtquelle. Die folgenden Versuche kannst du mit realen Polarisatoren, mit einer **Simulation** oder auch mit einem **Bildschirm-Experiment** durchführen.[v]

Das Bild oben zeigt ein Bildschirmfoto vom Programm POLARIS, das im Programmpaket der **Simulation** enthalten ist. Mit Schiebereglern lassen sich die einzelnen Polarisatoren ein- und ausschalten und ihre Orientierung verändern. Rechts der Zähler (rot) registriert die Zahl der durchgelassenen Photonen. [vi]   Vgl. auch **hier** [vii]!

Versuch 1: Laserlicht strahlt durch einen Polarisator PO. Man kann sich vorstellen, dass es aus sehr vielen Photonen besteht. Wenn ein Photon durch einen Polarisator hindurch getreten ist, hat es die Polarisation, die durch die Einstellung des Polarisators PO gegeben ist. Das gilt i.A. auch dann, wenn es vorher eine ganz andere Polarisation hatte.

Wie kann man sich sicher sein, dass das Licht nach dem Durchtritt diese bestimmte Polarisation PO hat? [viii]

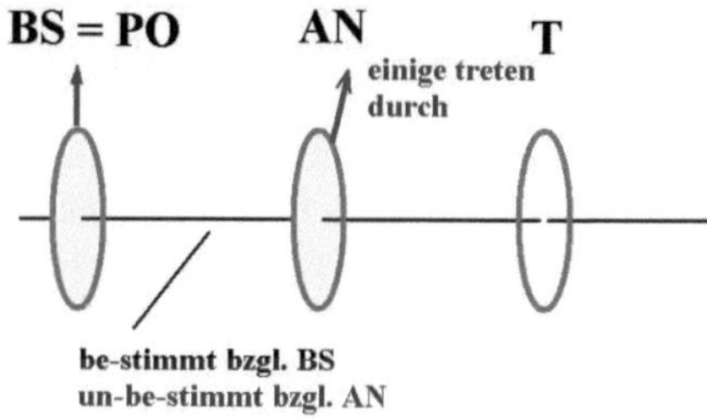

Versuch 2: Stelle dazu einen weiteren Polarisator AN in den Strahlengang mit einer beliebigen Orientierung. Dann tritt bei fast jeder Orientierung Licht hindurch, wenn auch mit unterschiedlicher Intensität. Es gibt z.B. Orientierungen von AN, bei denen nur 50% des Lichts aus PO hindurch treten, andere, bei denen nur 10% hindurch treten. Gar kein Licht tritt hindurch, wenn PO und AN senkrecht zueinander orientiert sind.

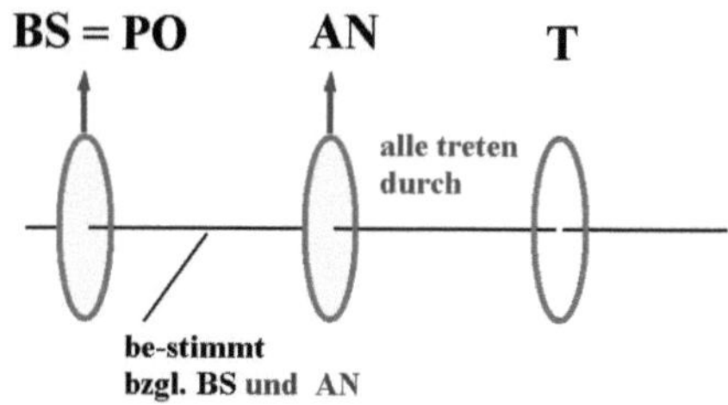

Versuch 3: Aber nur, wenn AN und PO gleich ausgerichtet sind, tritt **jedes Photon** aus PO (im Idealfall [ix]) auch durch AN hindurch, genauso wie durch beliebig viele weitere gleich ausgerichtete. Die Messung der Polarisation durch PO ist offenbar **reproduzierbar**, Voraussetzung für eine zuverlässige Messung.

Jetzt kannst du sicher sein, dass das Licht nach Durchtritt die **be-stimmte** Polarisation PO **hat**.

Wenn es also stimmt, dass das Licht aus PO die Polarisation von PO hat, müsste man doch auch sagen, dass das durch AN hindurchtretende Licht jetzt die Polarisation AN hat? Wir kommen darauf zurück (siehe Versuch 4a).

Zum Bildschirmexperiment II.2 mit Polarisationsbrillen:

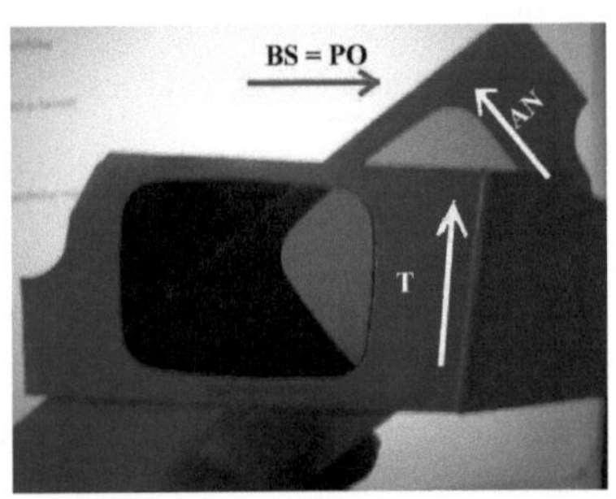

Der Bildschirm BS erzeugt polarisiertes Licht, arbeitet also wie ein Polarisator PO. PO verlässt Licht, dessen Polarisation be-stimmt ist bzgl. der Orientierung von PO. Wenn PO und T senkrecht zueinander orientiert sind, kann das Licht aus PO durch T nicht hindurch treten (schwarzer Bereich). Stellst du zwischen PO und T einen schräg orientierten Polarisator AN, dann ist Licht aus PO un-be-stimmt bzgl. AN, kann also teilweise durch AN hindurch treten. Solches Licht ist wiederum un-be-stimmt bzgl. T und kann also teilweise durch T hindurch treten. Du erkennst den aufgehellten Durchtrittsbereich durch T. Die ursprüngliche Polarisation der Photonen aus PO ist völlig "vergessen" worden.

III.1 Be-stimmte und un-be-stimmte Eigenschaften [x]

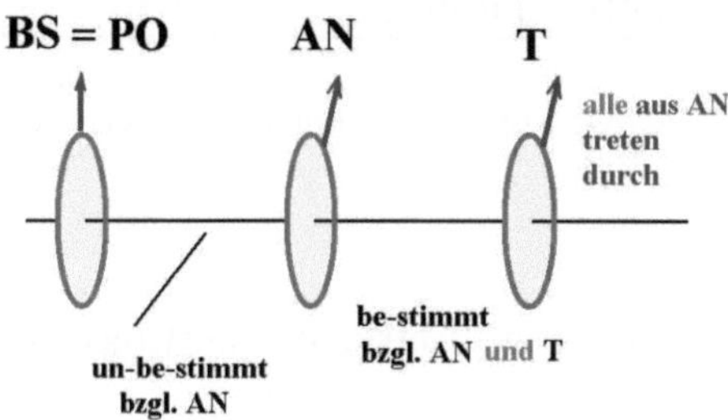

Versuch 4: Nach einer solchen Messung (durch PO) hat also das Photon die **bestimmte Polarisation** PO als Eigenschaft.

Bzgl. einer anderen Polarisator-Orientierung kann es aber zugleich **un-bestimmte Polarisation** haben. Du erkennst das, wenn du zwei parallel ausgerichtete Polarisatoren (AN und T) **bei beliebigen Orientierungen** im Vergleich zum ersten Polarisator verwendest.

T zeigt an, dass die Polarisation nach Durchtritt durch AN be-stimmt ist (reproduzierbare Messung der Polarisation durch AN). Wegen der beliebigen Orientierungen von AN im Vergleich zu PO ist die Polarisation bzgl. AN vor AN aber un-be-stimmt.

Fast immer treten die Photonen aus Polarisator PO auch durch AN, T (außer wenn PO senkrecht AN).

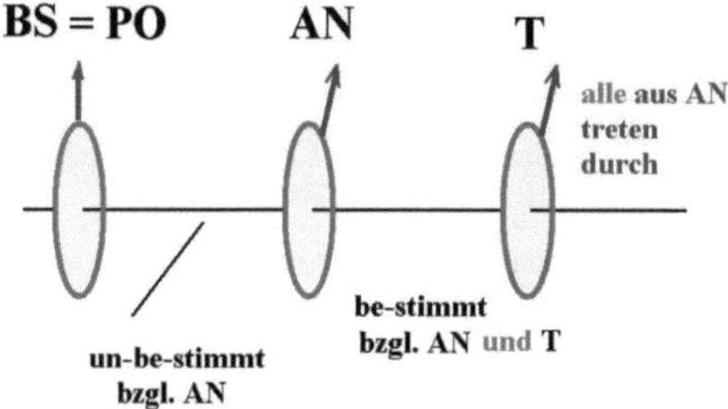

V 4a: Im obigen Versuch haben die Photonen **aus PO** bestimmte Polarisation bzgl. PO und zugleich un-be-stimmt bzgl. AN. Du erkennst das daran, dass viele Photonen aus PO auch durch AN hindurch treten können, wenn PO und AN nicht parallel sind. Aber erst **nach** dem Durchtritt durch AN haben die Photonen bestimmte Polarisation bzgl. AN (und wieder un-be-stimmte bzgl. PO), wie du oben schon vermutet hast. (Die obige Vermutung ist also richtig, aber erst nach der Messung durch AN.)

Um den Versuch mit einzelnen Photonen durchzuführen, bräuchtest du sehr teure Geräte. Das Ergebnis ist aber das gleiche wie eben beschrieben.

> **Aus einem Versuchsergebnis (Durchtritt durch AN) lässt sich nicht auf eine Eigenschaft (hier die Polarisation) vor dieser Messung (und nach Austritt aus PO) schließen.**

Noch klarer sieht man das bei **Spin**[xi]-Messungen mit einer **Stern-Gerlach-Apparatur.** [xii]

III.2 Verallgemeinerung auf andere "klassisch denkbare Eigenschaften"

So gilt es auch für die verschiedensten Messgrößen, z.B. Ort oder Geschwindigkeit eines Quantenteilchens. Wenn eine Messung reproduzierbare Ergebnisse liefert, weißt du, dass das Quantenteilchen jetzt diese Messgröße als Eigenschaft **hat**. Ohne eine Messung kannst du vielfach weder sagen, dass ein Quantenteilchen die Eigenschaft hat, noch dass es sie nicht hat. Wenn behauptet wird, dass die Geschwindigkeit eines Teilchens un-bestimmt sei (oder auch, dass das Teilchen die Eigenschaft Geschwindigkeit nicht habe), bedeutet das

Auch in der Mikrophysik immer be-stimmt:
elektrische Ladung
Ruhemasse
Spin (~/qm/gloss/g8.html

Ohne Messung in der Mikrophysik (häufig) un-be-stimmt:
Ort oder Geschwindigkeit eines Quantenteilchens
Polarisation eines Photons
Spin-Orientierung eines Elektrons
Durchtrittsort beim Doppelspalt
Nachweisort eines Quantenteilchens auf dem Schirm bei einem Interferenz-Versuch
Gesamtenergie oder kinetische Energie
kinetische oder potenzielle Energie
elektrische oder magnetische Feldstärke
elektrische Feldstärken bzgl. verschiedener Koordinatenrichtungen
Teilchenzahl

nicht, dass das Teilchen ruht, sondern, dass es sinnlos ist, jetzt von einer (bestimmten) Geschwindigkeit (oder auch Bewegung) zu sprechen. Genauso hat ein Teilchen ohne eine Messung keinen (be-stimmten) Ort. Das bedeutet nicht, dass das Teilchen überall zugleich ist oder über den Raum "ver-schmiert" ist, wie man das früher manchmal glaubte. Es hat einfach keinen Sinn, von einem (be-stimmten) Ort zu sprechen. Lediglich einige wenige Eigenschaften sind erfahrungsgemäß immer be-stimmt, z.B. elektrische Ladung, Ruhemasse, Spin, ...

In der klassischen Physik ist jede Messgröße be-stimmt. Eine berühmte Frage ist: "Steht der Mond am Himmel, auch, wenn er nicht betrachtet wird?"

Wenn der Mond ein **Quantenobjekt** [xiii] wäre, müsste man das verneinen. Aber der Mond ist ein klassisches makroskopisches Objekt. Jeder ist mit Recht davon überzeugt, dass der Mond am Himmel steht, auch, wenn wir ihn nicht sehen, weil z.B. der Himmel wolkenverhangen ist. Um darauf hinzuweisen, dass eine aus der klassischen Physik bekannte Eigenschaft in der Mikrophysik evtl. un-be-stimmt ist, haben kluge Leute die Bezeichnung **"klassisch denkbare Eigenschaft"** erfunden. Der Ort eines Elektrons ist z.B. ohne eine Messung eine nur klassisch denkbare Eigenschaft. Ohne eine Messung ist sie un-be-stimmt. Der Ort wird erst durch eine Messung be-stimmt. Erst dann hat es einen Sinn, von diesem als reale, be-stimmte Eigenschaft zu sprechen.

> **Die meisten klassisch denkbaren Eigenschaften eines Quantenteilchens sind ohne eine Messung un-be-stimmt, z.B. auch Ort und Geschwindigkeit eines Quantenteilchens.**

Wir werden oft mit "klassisch denkbaren Eigenschaften" argumentieren, weil unsere umfangreiche Erfahrung mit der makroskopischen (klassischen) Physik das nahelegt. Wenn wir diese Bezeichnung verwenden, denken wir gleichzeitig an die Möglichkeit, dass die Eigenschaften un-be-stimmt sind, und dass sich das Quantenobjekt anders verhält, als wir es auf Grund unserer makroskopischen (klassischen) Erfahrung erwarten.

IV Objektiver Zufall und objektive Wahrscheinlichkeit

IV.1 Un-be-stimmtheit - durch eine Messung wird eine klassisch denkbare Eigenschaft be-stimmt => i.A. streuende Messwerte; objektiver Zufall

Du weißt jetzt also, dass die meisten klassisch denkbaren Eigenschaften eines Quantenteilchen ohne eine Messung un-be-stimmt sind. Aber du weißt auch, dass man solche Eigenschaften messen kann. Dann entsteht ein eindeutiges, be-stimmtes Messergebnis [xiv]. Welches der vielen möglichen Messergebnisse tritt nun ein, wenn die Eigenschaft vor der Messung un-bestimmt ist?

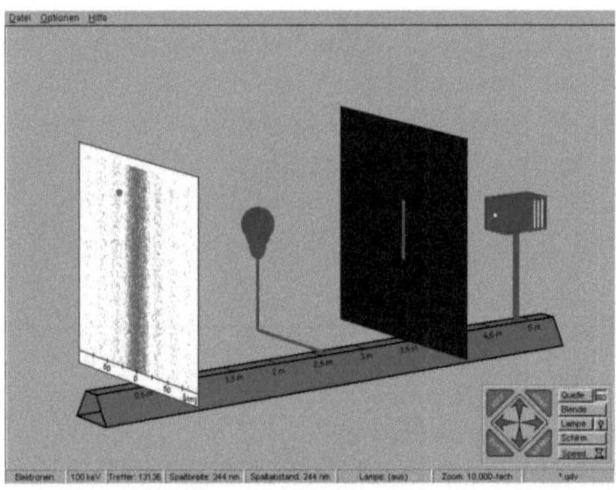

Versuch 5: Simulation [xv] zur Entstehung einer Interferenzfigur beim Doppelspalt bzw. Film mit realen Messungen

Besonders, wenn erst wenige Quantenteilchen auf dem Schirm nachgewiesen sind, findest du die einzelnen Nachweisorte ganz zufällig über den Schirm verteilt. Erst allmählich baut sich so etwas wie eine Interferenzfigur aus einzelnen Nachweisen auf.

Man kann keinen Grund erkennen, weshalb ein Quantenteilchen in diesem Maximum nachgewiesen wird, das nächste genau gleiche unter genau gleichen Bedingungen in jenem.

Typisch für Messungen in der Mikrophysik sind zufällige, "streuende" Messergebnisse.

Es ist völlig zufällig, in welchem Maximum ein QT nachgewiesen wird, obwohl die Situation für alle QT vor dem Nachweis identisch war. Hier zeigt sich ein Quantenphänomen, nämlich der **objektive Zufall** mit **objektiven Wahrscheinlichkeiten**. Sie heißen objektiv, weil sie nicht von der subjektiven Unkenntnis eines Beobachters abhängen, sondern zum Wesen der Quantenobjekte gehören.

Wenn vor der Messung die betreffende Eigenschaft un-be-stimmt war, ist es nicht verwunderlich, dass eine Messung einen Messwert erzwingt, der in weitem Maße zufällig, dann aber be-stimmt ist. Ich pflege zu sagen: "Auf eine dumme Frage kommt auch eine dumme Antwort". Ich nenne die Frage "dumm", weil das QT die fragliche Eigenschaft vor der Messung nicht hat. Die "dumme" Antwort besteht in streuenden Messwerten, einmal mit diesem, einmal mit jenem Wert.

Durch eine Messung werden un-be-stimmte Eigenschaften be-stimmt, wenn auch mit streuenden Messwerten.
Es zeigt sich ein objektiver Zufall mit objektiven Wahrscheinlichkeiten.

IV.2 Was bedeuten Erwartungswert und "statistische Streuung" ?

Versuch 6: Experiment zur Statistik

Z.B. mit einem üblichen Würfel registrierst du die Augenzahl sehr oft und bestimmst daraus den Mittelwert. Weil es in der Quantenphysik häufig um die Vorhersage von künftigen Messwerten geht, wird dieser auch **Erwartungswert** genannt.

IV.3 Gesetzmäßig im Chaos

Wie der Doppelspaltversuch zeigt, liegt aber **keine völlige Regellosigkeit** vor. Zwar ist jedes einzelne Messergebnis dem Zufall unterworfen, aber die möglichen Messwerte und die Wahrscheinlichkeitsverteilung für die jeweiligen Werte sind für jede Messung gesetzmäßig festgelegt durch Versuchsapparatur und Fragestellung. Sie lassen sich durch Rechnungen quantitativ vorhersagen. [xvi]

IV.4 Ein Zusammenhang mit der klassischen Physik (Beispiel für das Ehrenfest-Theorem)

In vielen Fällen gilt für die **Erwartungswerte** die klassische Physik. Das sagt das Ehrenfest-Theorem. Wenn man klassisch z.B. die Bahn eines Elektrons in einem homogenen Magnetfeld berechnet, erhält man bei geeigneter Orientierung eine Kreisbahn, wie etwa im Fadenstrahlrohr, oder eine Parabelbahn, wie etwa in der Elektronenablenkröhre. Für die **Erwartungwerte** des Elektrons gilt das auch in der Mikrophysik. Nur deshalb hatte es einen Sinn, eine solche Kreisbahn klassisch zu berechnen. Es war gut, dass du früher kennen gelernt hast, wie man in der klassischen Physik mit bewegten Elektronen umgeht.

Aber während in der klassischen Physik bei gegebenen Anfangsbedingungen jedes Elektron genau auf dieser Bahn laufen muss, sagt die Quantenphysik für Ortsmessungen zufällige Streuungen, häufig in der Nähe der berechneten Idealbahn, voraus [xvii].

Wir haben gesehen, dass das **statistische Element** bei vielen Quanteneffekte verstanden werden kann durch den Erfahrung der "Un-be-stimmtheit". Das statistische Element bei einer Messgröße ist eine direkte **Folge ihrer Un-be-stimmtheit**.

Beispiele:

- Polarisationsexperiment: Nach der ersten Messung mittels PO ist die Polarisation be-stimmt. Bzgl. eines weiteren schräg dazu gestellten Polarisator AN ist sie gleichzeitig un-be-stimmt. Durch AN können einige zufällige Photonen durchtreten. Für sie wird die Polarisation wiederum be-stimmt gemacht bzgl. AN.

- Doppelspalt-Versuch: Im Unterschied zum klassischen Experiment mit Wellen beobachtet man eine Streuung der Nachweisorte, für die man keinen Grund findet.

- Radioaktiver Zerfall: Der Zeitpunkt des Zerfalls eines Atoms ist un-be-stimmt. Deshalb ergeben sich zufällige Messwerte.

- Ähnlich verhält es sich mit den meisten "klassisch denkbaren" Eigenschaften. Sie sind i.A. un-be-stimmt, außer, wenn sie gemessen sind. Eine Messung hat aber immer (im Rahmen des Auflösungsvermögen des Messgeräts) ein eindeutiges Messergebnis. Die "klassisch denkbare" Eigenschaft ist dann be-stimmt geworden. Welcher be-stimmte Messwert sich ergeben hat, ist häufig dem Zufall unterworfen.

- Misst man eine "klassisch denkbare" Eigenschaft kurz hintereinander zweimal, so wird sie durch die erste Messung be-stimmt. Eine zweite Messung muss dann denselben Wert liefern, wenn sich das physikalische System in der Zwischenzeit nicht verändert hat. Die erste Messung ist **reproduzierbar**.

V Komplementarität

Wir wollen den **Versuch 2** noch einmal anders sehen:

Du weißt, dass die Polarisation nach dem Durchtritt durch einen Polarisator (z.B. PO) be-stimmt ist bzgl. der Orientierung von PO.

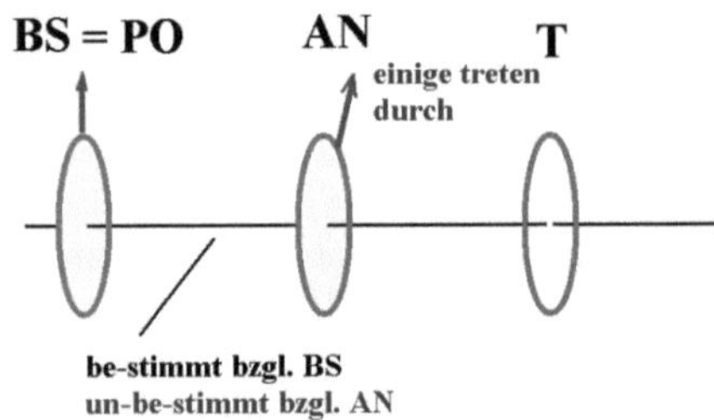

Ohne eine Messung (z.B. durch AN) ist sie aber un-be-stimmt bzgl. dieser Richtung.

Die beiden Eigenschaften "polarisiert bzgl. PO" bzw. "bzgl. AN" können **nicht gleichzeitig be-stimmt** sein. Man sagt, die beiden Eigen-schaften sind **komplementär zueinander**.

(Natürlich kann jede einzeln, und zwar jeweils nach ihrer Messung, be-stimmt sein.)

Außer der Polarisation bzgl. PO und AN gibt es noch viele andere Paare von Eigenschaften von Quantenteilchen, die nicht zugleich be-stimmt sein kön-nen, die komplementär zueinander sind. Das lehrt die Erfahrung. Dazu ge-hören Ort und Geschwindigkeit (Impuls) eines Quantenteilchens.

> **Es gibt Paare von Messgrößen, die nicht gleichzeitig be-stimmt sein können (die komplementär zueinander sind).**

Damit hängt zusammen:

> **Es gibt keine "Bahn" eines Quantenteilchens.**

Aus der Komplementarität von Ort und Geschwindigkeit (Impuls) folgt, dass es **keine "Bahn" eines QT** geben kann. Unter einer "Bahn" verstehen wir eine Folge von Zeit-Orts-Punkten, die von einem Teilchen im Laufe der Zeit durchlaufen werden. Die (scheinbare) Bahn eines Elektrons in einem

Fadenstrahlrohr oder die Bahn eines Planeten um die Sonne sind dir bekannt.

> **Wegen der Komplementarität von Ort und Geschwindigkeit kann es keine Elektronenbahn geben, weder im Fadenstrahlrohr noch in einem Atom.**

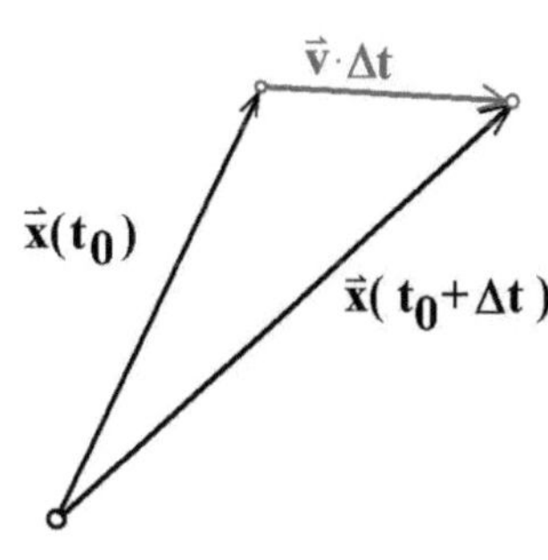

Klassisch könntest du nämlich so argumentieren (siehe folgende Zeichnung): Wenn zu irgendeinem Zeitpunkt t_0 der Ort $\mathbf{x} = \mathbf{x}\,(t_0)$ bekannt ist, kommst du mittels des Vektors der Ortsänderung $\Delta\mathbf{x}$ im Zeitintervall Δt zum Ort $\mathbf{x}(t_0 + \Delta t)$ zur Zeit $t_0 +\Delta t$ [$\mathbf{x}(t_0 + \Delta t)$ = $\mathbf{x}(t_0) + \Delta\mathbf{x}$]; der Körper bewegt sich mit der Geschwindigkeit $\mathbf{v}$ zur neuen Position $\mathbf{x}(t_0 + \Delta t)$. Da sich die Ortsänderung aus der Geschwindigkeit $\mathbf{v}$ ergibt: $\Delta\mathbf{x} = \mathbf{v}\cdot\Delta t$, benötigst du die Geschwindigkeit $\mathbf{v}$, die aber in der Quantenphysik nicht gleichzeitig mit dem Ort $\mathbf{x}(t_0)$ be-stimmt sein kann.

Wie wirkt sich das aus? Du könntest eine Ortsmessung durchführen mit dem Ergebnis $\mathbf{x}(t_0)$ (dann ist der Ort zu diesem Zeitpunkt be-stimmt). Du würdest ein zufälliges Ergebnis erhalten. Genauso zu einem späteren Zeitpunkt. Aber zwischen den beiden zufälligen Messergebnissen würdest du keinen gesetzmäßigen Zusammenhang finden. Du könntest nicht erklären, wie sich der Ort $\mathbf{x}(t_0)$ in den späteren Ort $\mathbf{x}(t_0 + \Delta t)$ verändert haben könnte.

Je nach Situation sind die zufälligen Streuungen unterschiedlich groß. In günstigen Fällen würden aufeinanderfolgende Messpunkte wenigstens ungefähr auf einer klassisch berechneten Bahn liegen [xviii]. Wenn du der irrigen Meinung wärest, dass es einen Sinn hätte, von einer Bewegung von Messpunkt zu Messpunkt zu sprechen, hättest du in einem solchen Fall den Eindruck, dass das Teilchen eine Zitterbewegung ausführt. Interessant wird diese Erkenntnis bei der vermeintlichen Bahn eines Elektrons um den Atomkern. Es gibt sie nicht!

Es gibt aber Modelle, die behaupten, ein Elektron kreise um den Atomkern.

Es handelt sich wirklich nur um Modelle vom Atom, die in diesem Punkt sicher falsch sind. Wenn ein Ort gemessen ist, kann niemand vorhersagen, wo das Elektron das nächste Mal gemessen werden wird! Das kann irgendwo in der Elektronenhülle um den Atomkern sein.

Erfahrungsgemäß komplementäre Paare von Messgrößen, die also nicht gleichzeitig be-stimmt sind:
Ort und Geschwindigkeit eines Quantenteilchens
Polarisationen eines Photons bzgl. unterschiedlicher Polarisationsrichtungen
Spin-Orientierungen eines Elektrons bzgl. unterschiedlicher Richtungen
Durchtrittsort beim Doppelspalt und Nachweisort des Quantenteilchens auf dem Schirm bei einem Interferenz-Versuch
kinetische und potenzielle Energie eines Elektrons im Atom
Gesamtenergie und kinetische Energie eines Elektrons im Atom
elektrische und magnetische Feldstärke in gleiche Koordinatenrichtung
elektrische Feldstärken in unterschiedliche Koordinatenrichtung
Teilchenzahl /Amplitude der elektromagnetischen Welle und Phase der Welle

VI.1 Wellen- und Einteilchen-Interferenz

Einen Doppelspalt-Versuch mit klassischen Wellen wie Lichtwellen, Schallwellen oder Mikrowellen kannst du leicht erklären. Die Welle tritt dabei durch beide Spalte; die beiden Teilwellen überlagern sich und verstärken sich oder löschen sich gegenseitig aus. Das bezeichnet man als **Wellen-Interferenz**.

So hat man auch mit einem gewissen Erfolg versucht, Interferenz in der Mikrophysik zu erklären.Es gelingt, die Lage der Minima und Maxima richtig vorherzusagen.

Es gibt aber Experimente, bei denen jedes Quanten-Teilchen einzeln durch den Doppelspalt tritt. Es ist jeweils nur ein Teilchen in der Apparatur vorhanden. Da sich Quanten-Teilchen nicht aufteilen können, kann man nicht davon ausgehen, dass die eine Hälfte durch Spalt A, die andere durch Spalt B läuft. Einfacher ist es anzunehmen, dass hier eine andere Art von Interferenz vorliegt, die so genannte **Einteilchen-Interferenz**.

Versuch 7: Hypothetisches Quantenspiel:

Identische Schüler rennen einzeln bei völliger Dunkelheit mit verbundenen Augen gegen einen Doppelspalt mit geeigneten Spaltöffnungen und bei geeignetem Spaltabstand. Ihnen wurde glaubhaft zugesichert, dass sie zwar keine Spaltöffnung sehen werden, dass sie aber mit Sicherheit auf eine stoßen werden und durch sie ohne Verletzungsgefahr gelangen können. Die Schüler vertrauen darauf. Das Planck'sche Wirkungsquant h sei (unrealistischerweise) stark vergrößert. Die Schüler können nicht sehen, durch welchen Spalt sie kommen. Allerdings, es gibt zum Glück keine identischen Schüler. So wird man mit Recht vermuten können, dass sich reale Schüler anders verhalten.

Versuch 7a: Am jeweiligen Spalt wird ihnen ein rotes oder aber grünes M&M gereicht, je nach Spalt. Nichts Spektakuläres passiert: Auf der Ziellinie wird ihnen die Augenbinde abgenommen, und sie sehen: Die Schüler von Spalt A sammeln sich in einer Gruppe, die von Spalt B in einer anderen Gruppe, schön sortiert, jeweils hinter dem betreffenden Spalt. Sie können die Zugehörigkeit eindeutig feststellen, indem sie ihr M&M anschauen: in der einen Gruppe finden sich lauter grüne, in der anderen Gruppe lauter rote. Außerdem sind sie zufrieden: die Sch [xix] vom linken Spalt fnden sich links von der Symmetrieachse, die vom rechten Spalt rechts davon. So hätte das jeder erwartet.

Versuch 7b: Kein Sch nimmt ein M&M auf und alle sammeln sich wieder an der Ziellinie. Niemand kann dort entscheiden, durch welchen Spalt sie gerannt sind; sie selbst wissen es auch nicht. Wo wird man die quantenphysikalischen Sch finden? Einige in der Mitte (also sozusagen zwischen (!) den beiden Spalten!); in einigem Abstand links und rechts davon findet sich eine weitere Gruppe, etwas weiter von der Symmetrieachse entfernt zu beiden Seiten wieder je eine Gruppe usw., und noch weiter von der Symmetrieachse entfernt weitere Gruppen symmetrisch gelegen. Ähnlich wie bei der Interferenz von Wellen beobachtet man Stellen, wo sich viele Schüler sammeln (Maxima) und dazwischen Stellen, wo sich so gut wie keine Schüler sammeln (Minima). Die Sammelstellen von Versuch 7b haben nichts zu tun mit den Sammelstellen von Versuch 7a. Es gibt i.A. mehr solche Stellen und sie haben andere Positionen. Von keinem Schüler lässt sich offenbar feststellen, durch welchen Spalt er gerannt ist.

Was ist der Unterschied zwischen beiden Versuchen mit so unterschiedlichem Ergebnis? Bei Versuch 1 trugen alle Schüler durch die Farbe ihres M&M eine Marke, die den Durchtrittsort angab. Dagegen bei Versuch 2 wurde auf eine solche Wegmarkierung verzichtet. Einen anderen Unterschied gibt es nicht.

Die Erfahrung lehrt auch in anderen Fällen:

> **Einteilchen-Interferenz findet immer dann statt, wenn zwischen zwei oder mehr klassisch denkbaren Möglichkeiten für ein Quantenobjekt nicht entschieden [xx] wird.**

Der Grund liegt in der Quantennatur der Teilchen. Beim Doppelspalt stehen die beiden klassisch denkbaren Möglichkeiten "Durchtritt durch Spalt A" und "Durchtritt durch Spalt B" in Konkurrenz zueinander. Ähnlich kann das Photon bei einem Mach-Zehnder-Interferometer auf zwei verschiedenen klassisch denkbaren Wegen zu einem Interferenzschirm gelangen, zwischen denen nicht unterschieden wird.

Wenn oben die richtige Bedingung für Interferenz angegeben wurde, kann man umgekehrt schließen, dass keine Einteilchen-Interferenz stattfindet, wenn zwischen den klassisch denkbaren Möglichkeiten entschieden wird. So kann man sehr wohl nachschauen, durch welchen Spalt eines Doppelspalts ein Quantenteilchen hindurch tritt ("Welcher-Weg-Entscheidung"). Die "Welcher-Weg-Information" erkauft man sich aber mit dem Verschwinden der Interferenz.

VI.2 WWI und Interferenz schließen sich gegenseitig aus

Das wird häufig als **Spezialfall der Komplementarität** aufgefasst: Gestaltet man ein Experiment so, dass man WWI erhält, findet keine Interferenz statt. Gestaltet man das Experiment als Interferenz-Versuch, erhält man keine WWI. Man kann nicht alles haben.

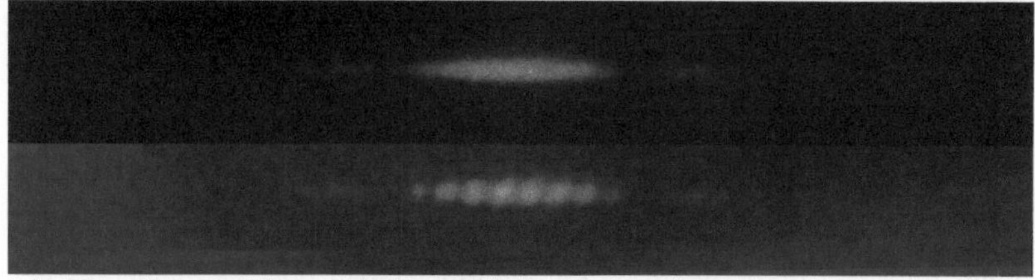

Die Komplementarität zwischen WWI und Interferenz kann auch im einfachen **Schulversuch** [xxi] gezeigt werden:

Versuch 8: Bei einem **modifizierten Doppelspalt** sind senkrecht zueinander orientierte Polarisationsfolien PO über die Einzelspalte geklebt. Beide Spalte werden mit Licht eines Lasers [xxii] durchstrahlt. Die durchtretenden Photonen sind jetzt unterschiedlich polarisiert, also ist der Durchtrittsort markiert. Es kann nicht zur Doppelspalt-Interferenz kommen (Welcher-Weg-Information - WWI, aber keine Interferenz). Das zeigt das **obere** Foto.

Es zeigt auch, dass dies nichts mit einem vermeintlichen Teilchencharakter der Photonen zu tun hat, der jetzt sich bemerkbar mache, denn es ist das Interferenzbild von jedem der Einfachspalte sichtbar.

Nun wird ein Polarisator AN zwischen Schirm und Doppelspalt gestellt. Wenn er parallel zu einem der Polarisatoren auf den Spalten orientiert ist, ist keine Veränderung sichtbar. Orientiert man AN aber schräg zu den beiden Polarisatoren PO (z.B. unter 45^0), entsteht das Interferenzbild des Doppelspalts (**unteres Foto**).

Durch AN erhalten die Photonen die be-stimmte Polarisation bzgl. AN. Die Markierung des Durchtrittsorts wird "ausgelöscht". Also keine WWI, aber Interferenz. [xxiii]

> **Interferenz und Welcher-Weg-Information sind komplementär zueinander (schließen sich gegenseitig aus).**

Der hypothetische Versuch 7 mit Schülern erscheint reichlich gekünstelt. In Realität lässt er sich aber mit Elektronen, Atomen oder Photonen genauso durchführen. Dafür gibt es – wie wir gesehen haben - geeignete Doppelspalte und geeignete Nachweisgeräte. [xxiv]

Immer ist es so: wenn durch eine solche Wegmarkierung entscheidbar wird, welchen Weg das Quantenteilchen genommen hat, beobachtet man ein Ergebnis, das der klassischen Physik ähnelt. Verzichtet man aber auf die Wegmarkierung, wird also nicht entschieden, durch welchen der beiden möglichen Durchtrittsorte die Quantenteilchen "laufen", so beobachtet man Interferenz. [xxv]

Welche Sinn [xxvi] hat es, von einem Quantenteilchen zu behaupten, es sei bei einem Interferenzexperiment durch den einen Spalt oder den anderen "gelaufen", wenn man den Durchtrittsort nicht feststellen kann ohne die Interferenz zu zerstören? Soll man wirklich über Dinge reden, die man auf keine Weise nachweisen kann? In der Physik hat man sich dagegen entschieden. Man sagt: Es hat keinen Sinn über einen Durchtrittsort zu sprechen, außer, wenn er gemessen ist. Oder anders: Der Durchtrittsort eines Quantenteilchens ist in diesem Fall un-be-stimmt. Wie du aber gesehen hast, kann er durch eine Messung be-stimmt gemacht werden. (Dann verschwindet allerdings die Interferenz.)

Wir müssen jetzt also zwischen **Wellen- und Einteilchen-Interferenz** unterscheiden. In der klassischen Physik kommt es zur Welleninterferenz nur dann, wenn zwei Wellen gleicher Wellenlänge (und evtl. einigen weiteren Gemeinsamkeiten) durch den Doppelspalt treten und sich überlagern. Bei Einteilchen-Interferenz weist man eher daraufhin, dass es keinen physikalischen Sinn hat, von einem Durchtrittsort zu sprechen. Es sollte auch nicht nach einem Mechanismus für die Einteilchen-Interferenz gesucht werden. Es gibt nämlich Experimente, bei denen man nachträglich, z.B. "lange nach dem Durchtritt" oder wenn die Messwerte längst registriert sind, noch entscheiden kann, ob man die Daten im Sinne eines Interferenzexperiments auswerten möchte (also ohne Weginformation) oder ob man ein Welcher-Weg-Experiment (also ohne Interferenz) vorhatte (Experimente "mit verzögerter Entscheidung"). Es ist nicht vorstellbar, dass man nachträglich, bei der Auswertung, darüber entscheidet, was am Doppelspalt, evtl. Milliarden Jahre vorher, geschehen ist. [xxvii]

Dennoch hat man historisch versucht, auch Einteilchen-Interferenz mit der Überlagerung von Wellen zu erklären. Dazu hat man versuchsweise ein **Teilchenmodell** und ein **Wellenmodell** von Quantenteilchen konstruiert. Man sagte, wenn die QT auf einem Bildschirm nachgewiesen werden, passe eher ein Teilchenmodell für sie. Umgekehrt, beim Durchtritt durch den Doppelspalt passe eher ein Wellenmodell für sie. Einem Teilchen mit dem Impuls p = m·v sei dann eine Welle mit der "**deBroglie-Wellenlänge**" λ = h/p zugeordnet (h Planck'sches Wirkungsquant). Wenn also ein QT wie eine Welle durch beide Spalte gleichzeitig hindurch träte, könnte man auch mit klassischer Denkweise gut verstehen, dass Interferenz stattfindet. Mit der deBroglie-Wellenlänge und dem Spaltabstand d kann man sogar - wie bei einer klassischen Welle - die Lage der Minima und Maxima richtig berechnen. Es gibt noch einige weitere Quanteneffekte, die durch die "**Modellphilosophie**" (~/qm/gloss/modfil.html) zumindest qualitativ, manchmal auch quantitativ, erklärt werden können.

Aber Vorsicht: Bei anderen Effekten führt die Modellphilosophie völlig in die Irre und kann höchstens als vorläufige Deutung der QP aufgefasst werden. Ein Bereich, in dem die **Modellphilosophie sicher versagt**, sind Zustände mit mehr als einem Teilchen. Du lernst noch andere kennen. Wenn du also in einem populärwissenschaftlichen Text liest, dass Elektronen oder Photonen nicht nur einen "Teilchencharakter", sondern auch einen "Wellencharakter" haben, bezieht sich der Autor wohl auf die beschränkt anwendbare Modellphilophie, und seine Aussagen sind auf keinen Fall wörtlich zu nehmen. [xxviii]

Obwohl solche Modelle manchmal ermöglichen, mit einer relativ einfachen Sprache von Quantenphänomenen zu *sprechen*, geht es in der Quantenphysik längst nicht mehr um die Frage, was ein Elektron, z.B., "eigentlich" ist, oder welches Modell von ihm angemessener ist. Es geht um die Erklärung und Vorhersage von Quantenphänomenen mit den Werkzeugen der Quantenphysik.

Im Folgenden lernst du kennen, wie man das besser verstehen kann.

VII Revision des Teilchenbegriffs

Erfahrungsgemäß gibt es viele "klassisch denkbare Eigenschaften", die ohne eine Messung un-be-stimmt sind. Wie man spätestens seit 1963 weiß, kann dazu auch die Teilchenzahl eines quantenphysikalischen Systems gehören. So gibt es Quantenobjekte mit der be-stimmten Teilchenzahl 1. Man nennt sie **Quantenteilchen**. Andere Quantenobjekte haben die be-stimmte Teilchenzahl 2. Sie werden **Teilchenzwillinge** genannt, usw. Andererseits gibt es Quantenobjekte mit **un-be-stimmter Teilchenzahl**. Dazu gehören monochromatische elektromagnetische Wellen (genauer "kohärente Zustände", die z.B. eine Lasermode [xxix] beschreiben).

Auf dieser Festlegung beruht die Definition dessen, was man überhaupt in der Quantenphysik unter einem Teilchen (**Quantenteilchen**) verstehen soll:

> **Wenn man von einem Quantenobjekt bei vielen aufeinander folgenden Messungen immer die be-stimmte Teilchenzahl 1 erhält, nennt man das Quantenobjekt ein (Quanten-)Teilchen.**

Der Teilchenbegriff der Quantenphysik setzt voraus, dass man Teilchen zählen kann. Das soll heißen, dass es prinzipiell einen Sinn macht, von einer Teilchenzahl zu sprechen. Man erhofft sich natürlich, dass man auch technische Geräte zur Verfügung hat, die diese Messung präzise ermöglichen. Aber das ist sekundär.

Dieser Teilchenbegriff hat offenbar nichts mit einer Lokalisierung an einem Ort zu tun, also damit, dass das Teilchen in der Nähe eines Ortes irgendwie konzentriert sei (ohne eine Messung ist der Ort ja un-be-stimmt).

Früher hatte man geglaubt, man komme von klassischen Teilchen zu **Quantenteilchen**, indem man sie als (über den Raum) "verschmierte" Teilchen oder "Teilchenwolken" betrachtet. Das ist heute nicht mehr haltbar. "Elektronenwolken" im Atom spielen aber in der Chemie als **Modell** immer noch eine wichtige Rolle. Es ist möglich, dass die Wahrscheinlichkeit, ein Quantenteilchen zu finden, über einen mehr oder weniger großen Raumbereich verteilt ist (von 0 verschieden ist), z.B. über die ganze Elektronenhülle eines Atoms. Das Quantenteilchen findet man bei der Messung aber immer nur an einem Ort [xxx].

Der neue Teilchenbegriff hat auch nichts damit zu tun, dass in bestimmten Fällen ein Quantenteilchen einem klassischen Teilchen ähnelt, wie es die "Modellphilosophie" betont. Wellen dagegen sind nicht abzählbar. Es hat keinen Sinn, zu behaupten, dass sich hinter einem Spalt eine bestimmte Anzahl von Huygens'schen Elementarwellen ausbreiten.

Bei einem **Teilchenzwilling** liefern Messungen immer die Teilchenzahl 2. Aber die beiden Teilchen haben ohne Messungen fast keine individuellen Eigenschaften (außer z.B. die Ruhemasse), wenigstens, wenn die beiden Teilchen "verschränkt" sind (was hier nicht erklärt werden soll). [xxxi]

Solche Erscheinungen sind weit entfernt von klassischem Verhalten. So etwas kommt in der klassischen Physik nicht vor. Man kann deshalb auch kein klassisches **Modell** [xxxii] dafür konstruieren. [xxxiii]

Ausblick:

Kohärente Zustände (Glauber 1963) erscheinen quantentheoretisch noch weiter von der klassischen Physik entfernt: Teilchenzahl N, und, bei elektromagnetischen Wellen, die elektrische und die magnetische Feldstärke, **E** und **B**, sind **un-be-stimmt** und streuen sehr stark. Sie gehören zu den **Zuständen mit un-be-stimmter Teilchenzahl** (letzte Spalte der Tabelle unten).

Aber man findet: Die **Erwartungswerte** von **E** und **B** verhalten sich wie bei klassischen elektromagnetischen Wellen (z.B. Radiowellen oder einer Lasermode)! Selbst bei einer sehr kleinen mittleren Teilchenzahl (Photonenzahl, die z.B. in 1 s registriert wird) gilt das.

Mit wachsender mittlerer Teilchenzahl werden auch die Streuungen immer größer. Im Vergleich zu den Mittelwerten fallen sie aber bei sehr **großer mittlerer Teilchenzahl** kaum mehr ins Gewicht ("sind die *relativen* Streuungen von Teilchenzahl N, E und B (und "Phase") vernachlässigbar klein"). Die **statistischen Streuungen** treten dann wie bei einer klassischen elektromagnetischen Welle nicht mehr in Erscheinung.

> **Glauber-Zustände erklären das klassische Verhalten von elektromagnetischen Wellen wie Radiowellen und Laserlicht, die ja auch Quantenobjekte sind!**

Zustände mit jeder beliebigen *be-stimmten* Teilchenzahl verhalten sich dagegen völlig anders [xxxiv].

Solche kohärenten Zustände sind u.a. für Radiowellen, für Licht aus einem Laser, für Schwingungen von Atomen in Kristallen (so genannte Phononen) und für Atomlaser bekannt.

Quantenobjekt (QO) mit *be-stimmter* Teilchenzahl 1	QO mit *be-stimmter* Teilchenzahl 2	...	QO mit *un-be-stimmter* Teilchenzahl
Quantenteilchen, z.B.	**Teilchenzwilling**, z.B.		**kohärenter Zustand**, z.B.
Elektron, Photon, Atom, ...	Photonenzwilling (Biphoton),Elektronenzwilling, ...		bei elektromagnetischen Wellen, Phononen, Atomlaser, ...

VIII Diskrete Energien

Wenn Quantenteilchen auf einen bestimmten Bereich beschränkt oder an ein Zentrum gebunden sind, zeigen sie häufig Interferenz, aber auch diskrete Messwerte [xxxv] für die Gesamtenergie. Eine Energie-Messung liefert dann immer einen der möglichen diskreten Messwerte. Zwischenwerte kommen nicht vor. In der klassischen Physik gibt es keine diskreten Energien; die Energie kann hier in weiten Bereichen jeden beliebigen Wert annehmen. Diskrete Werte sind ein Quanteneffekt. Man kann deshalb diskrete Werte in der Quantenphysik auch nicht modellmäßig klassisch erklären.

Diskrete Energien sind enorm wichtig für die verschiedensten Anwendungen. Sie erklären z.B., weshalb Leuchtstoffröhren Licht einer bestimmten Farbe aussenden, oder weshalb Leuchtdioden (LEDs) blau, grün, gelb oder rot leuchten, oder wie das Speichern von Daten im PC oder in der Digitalkamera funktioniert.

IX Wir müssen umdenken und dazu lernen

Die Quantenphysik verhält sich anders als die klassische Physik. An dieser Tatsache dürfen wir uns nicht stören. Weshalb auch sollten wir die Erfahrungen, die die Menschheit in der makroskopischen Physik gewonnen hat, ohne Änderung auf die Mikrophysik übertragen können, in die vor 120 Jahren noch niemand Einblick hatte?

Lernen wir hinzu, nehmen wir die neuen Erkenntnisse in unseren Erfahrungsschatz auf und verzichten wir darauf, alles mit Erfahrungen aus der Makrophysik erklären zu wollen! So wird sich uns eine neue Welt erschließen, die wir jetzt schon tagtäglich nutzen, ob wir nun ein Handy, einen MP3-Player, einen PC oder einen Laserpointer einsetzen, ganz zu schweigen von immer wichtiger werdenden Anwendungen wie Quantenkryptographie und Quantenteleportation.

Im Internet findest du zu allen Stichworten dieses Textes weitere Erläuterungen. Wenn du in die Suchmaschine zum Stichwort auch noch "forphys" (das ist der Name der Homepage des Autors) eingibst, findest du höchstwahrscheinlich Informationen, die für die Schule zugeschnitten sind.

　　　　　　　　　　　　　　　　　　　　　　　

X Zusammenfassung: Grundfakten der Quantenphysik

1. Von Teilchen bzw. Teilchenzuständen spricht man in der Quantenphysik, wenn die Objekte **als ungeteilte Einheiten auftreten** und wenn man die beteiligten Objekte **zählen** kann. [1]

> Photonen, Elektronen, Protonen, Neutronen, Atome, Moleküle etc. sind in diesem Sinn **Quantenteilchen**, aber **keine klassischen Teilchen.** Teilchenzwillinge oder **Mehrteilchenzustände** haben kein klassisches Analogon.

2. Klassisch denkbare Eigenschaften eines Quantenobjekts sind messbar. Aber: Ohne eine Messung ist eine klassisch denkbare Eigenschaft i.A. **un-be-stimmt**. Erst durch eine Messung werden i.A. klassisch denkbare Eigenschaften **be-stimmt** .

> Bei einem (Quanten-)Teilchen ist die Teilchenzahl be-stimmt, nämlich 1. Auch bei einem Teilchenzwilling ist die Teilchenzahl be-stimmt, nämlich 2. In manchen Zuständen kann die Teilchenzahl auch un-be-stimmt sein (z.B. in kohärenten Zuständen; solche Zustände mit un-be-stimmter Teilchenzahl kommen klassischen Wellen am nächsten, z.B. elektromagnetischen Wellen.)

3. Es gibt Paare von klassisch denkbaren Eigenschaften, die ein Quantenobjekt nicht gleichzeitig haben kann. Mindestens eine der Eigenschaften ist dann un-be-stimmt. Solche Eigenschaften bzw. die zugehörigen Messgrößen heißen **komplementär**.

> Paare von komplementären Messgrößen sind z.B.:
> - Ort und Geschwindigkeit eines Teilchens (gemeint sind gleichgerichtete Koordinaten von Orts- und Geschwindigkeitsvektor)
> - Welcher-Weg-Information und Interferenzfigur
> - Gesamtenergie und kinetische Energie
> - Gesamtenergie und potenzielle Energie
> - potenzielle und kinetische Energie
> - elektrische und magnetische Feldstärke bei einer elektromagnetischen Welle

Da ein Quantenteilchen nicht gleichzeitig Ort und Geschwindigkeit haben kann, dann hat es auch keinen Sinn, von einer **Bewegung (im klassischen Sinn)** zu sprechen oder von einer „**Bahn**" eines Quantenteilchens.

1:　*Genauer meint man mit Teilchenzuständen meistens Zustände mit einer be-stimmten Teilchenzahl.*

4. Wenn ein Quantenobjekt, das jeweils in den gleichen Zustand präpariert wird, in diesem Zustand eine be-stimmte Eigenschaft nicht hat, liefern Messungen streuende Messwerte dafür. Es gilt der **objektive Zufall** mit **objektiven Wahrscheinlichkeiten** gemäß der Born'schen Wahrscheinlichkeitsdeutung.

5. Für Paare komplementärer Messgrößen gibt es eine **Heisenberg'sche Un-be-stimmheits-Relation** (HUR).

   Sie besagt, dass sich das Produkt der Streuungen (Un-be-stimmtheiten) der beiden Messgrößen nicht unter eine gewisse Schwelle herabdrücken lässt.

6. Interferenz tritt auf, wenn zwischen zwei oder mehr klassisch denkbaren Möglichkeiten nicht entschieden wird ("**Interferenz von klassisch denkbaren Möglichkeiten**").

7. Wird der Raum, in dem man Quantenteilchen nachweisen kann, eingeschränkt, so entstehen als mögliche Messwerte u.a. **diskrete**, d.h. deutlich getrennte **Energie-Messwerte** mit Energielücken zwischen ihnen.

8. **Klassische elektromagnetische Wellen** entsprechen im Idealfall Zuständen mit un-be-stimmter Photonenzahl (kohärente Zustände). Der Erwartungswert (Mittelwert) der Photonenzahl ist dabei häufig extrem groß.

Wegen all dieser Eigenschaften sind Quantenteilchen (Mikroteilchen, Quantenobjekte oder auch Teilchenzwillinge und Mehrteilchenzustände) keine klassischen Teilchen.

XI Aufgaben

Hinweise:

1. Hier werden einige Anregungen für mögliche Aufgaben zum Text gegeben. Dein Lehrer wird entscheiden, welche davon für dich geeignet sind.
2. Wenn ein Versuch mehrmals hintereinander durchgeführt wird, sollte man in der Regel von der gleichen Ausgangssituation ausgehen. Für ein Quantenobjekt bedeutet das, dass man es vor der Messung jeweils "in den gleichen Zustand präparieren" muss. Durch eine Messung wird nämlich ein Quantenobjektin der Regel in einen anderen Zustand gebracht, den man möglicherweise nicht untersuchen möchte.
3. Erläuterungen werden im Folgenden kleiner gedruckt, die eigentliche Frage größer.

A.1 Un-be-stimmtheit und Quantenphysikalische Messung

a) Was bedeutet es, wenn behauptet wird, eine Messung sei reproduzierbar?

b) " 'Eine Eigenschaft haben' ist es etwas ganz anderes als 'eine Eigenschaft messen' " (sinngemäß nach Müller und Wiesner). Was besagt dieser Satz für die Quantenphysik?

c) Wie kann man bei Polarisationsmessungen nachweisen, dass ein Photon nach Durchtritt durch ein Pol-Filter eine be-stimmte Polarisation wirklich **hat**? [2]

d) Es stelle sich heraus, dass ein Photon nach einer Polarisationsmessung horizontal polarisiert ist. Was kannst du aussagen über die Polarisation vor dieser Messung?

e) Nach dieser Polarisationsmessung tritt das Photon durch ein unter 45 ^{0} geneigtes Pol-Filter. Erläutere mit den Begriffen der Quantenphysik, weshalb dieses Photon mit einer gewissen Wahrscheinlichkeit durch dieses zweite Pol-Filter treten kann!

f) In der Elektronenhülle eines Wasserstoff-Atoms (H-Atom) findet man genau ein Elektron. Es befinde sich im Grundzustand mit einer be-stimmten (Gesamt-)Energie. Stell' dir vor, du würdest jetzt wiederholt Orts-Messungen (oder auch Geschwindigkeits-Messungen) an diesem Elektron durchführen.

Was würde dir auffallen
α) wenn du nach einer Messung sofort ein zweites Mal misst? Begründung?
β) wenn nach jeder Ortsmessung das Atom immer wieder in die gleiche Ausgangssituation gebracht wird? Begründung?

2: *http://www.forphys.de/Website/qm/schulversuche/polfilter2.html''* *und*
http://www.forphys.de/Website/qm//sv/polfilter.html *enthalten mehr Informationen dazu.*

g) Ein Doppelspalt wird mit einzelnen identischen Photonen bestrahlt, die aus einer sehr entfernten Quelle alle quasi senkrecht zur Spaltebene einfallen. Der Durchtrittsort der Photonen (Spalt A oder Spalt B) kann gemessen werden. Was würdest du beobachten? Begründung?

B Interferenz bei zwei oder mehr nicht entschiedenen Möglichkeiten

B.1 Einfachspalt

Wenn Laserlicht oder einzelne Photonen durch einen Einfachspalt der Breite b gestrahlt werden, entsteht auf einem Schirm hinter dem Spalt eine Interferenzfigur. Begründe mit den Regeln der Quantenphysik, weshalb Interferenz stattfindet! Beachte dabei die endliche Breite des Einfachspalts.

B.2 Potenzialkasten

In einem langgestreckten geraden Farbstoffmolekül kann sich ein Elektron nach klassischer Vorstellung nur längs des Moleküls bewegen. Ein Modell dafür ist ein so genannter „eindimensionaler Potenzialkasten mit unendlich hohen Wänden". In ihm erfährt das Teilchen keine Kräfte außer an den Enden, wo es reflektiert wird, so dass es immer zwischen den Wänden gefunden wird, niemals außerhalb.

Begründe, dass es zur Interferenz kommen muss. Sie äußert sich darin, dass die Wahrscheinlichkeit, das Elektron im Potenzialkasten in der Nähe einer bestimmten Stelle zu finden, stark ortsabhängig ist, an manchen Stellen groß (Maxima), an anderen so gut wie null (Minima).

Eine Folge dieser Interferenz ist auch, dass die mögliche Energiezustände diskrete Energie haben.

B.3 Wasserstoff-Atom

Du weißt bereits, dass die klassische Vorstellung von einem um den Atomkern kreisenden Elektron nicht haltbar ist.

a) Was kannst du darüber aussagen, wo du bei wiederholten Messungen das Elektron finden wirst?

b) Begründe, weshalb es für die Wahrscheinlichkeit, das Elektron in der Nähe eines bestimmten Radius zu finden, i.A. Minima und Maxima gibt.

c) Wenn du irgendeine Achse durch den Atomkern legst und betrachtest den Dreh-winkel α um diese Achse, so findest du i.A. auch in Abhängigkeit vom Winkel α Minima und Maxima dieser Wahrscheinlichkeit. Begründe diese Tatsache!

B.4 Wenn du Laserlicht durch einen **Doppelspalt** strahlst, erkennst du auf einem Schirm hinter dem Doppelspalt Minima und Maxima eines Interferenzmusters.

a) Erkläre die Enstehung des Interferenzmusters für helles Laserlicht mit der Wellen-interferenz!

b) Erkläre die Enstehung des Interferenzmusters für einzelne Photonen des Laser-lichts im Sinne der Einteilchen-Interferenz!

(Das Interferenzmuster erkennst du in diesem Fall natürlich erst, wenn du sehr oft einzelne gleichartige Photonen durch den Doppelspalt geschickt und jeweils den Nachweisort auf dem Schirm registriert hast.)

C Komplementarität

C.1 Ort und Geschwindigkeit eines Teilchens sind komplementär zueinander, d.h. beide Grö-ßen können nicht gleichzeitig be-stimmt sein. Ähnlich sind auch andere Paare von Messgrößen komplementär zueinander.

a) Begründe, weshalb z.B. in einem H-Atom kinetische und potenzielle Energie nicht gleichzeitig be-stimmt sein können!

b) Begründe, weshalb z.B. ein H-Atom nicht gleichzeitig eine be-stimmte Gesamt-energie und eine be-stimmte potenzielle Energie (oder kinetische Energie) haben kann!

c) Erläutere die Aussage: "Ein Elektron in einem Atom kann sich nicht gleichzeitig an einem be-stimmten Ort befinden und dort eine be-stimmte Geschwindigkeit ha-ben". Welche Folge hat das für die Bewegung des Elektrons von einem Nachweisort (wo es einen be-stimmten Ort hat) zu einem anderen Nachweisort?

d) Für ein Elektron wird der Ort be-stimmt. Anschließend wird seine Geschwindig-keit gemessen (also be-stimmt gemacht). Widerspricht das nicht der Behauptung, dass kein Quantenteilchen gleichzeitig einen be-stimmten Ort und eine be-stimmte Geschwindigkeit haben kann (Komplementarität von Ort und Geschwindigkeit)? Er-läutere!

C.2 Bei bestimmten **Zerfällen radioaktiver Atomkerne** (α-Strahler) wird ein α-Teilchen emittiert, obwohl es durch sehr hohe Kräfte im Atomkern gebunden ist. Man sagt, den Atomkern umgibt ein sehr hoher "Potenzialwall" für das α-Teilchen. Er ist umso höher, je größer die Bindungskraft des α-Teilchens an den Atomkern ist. Im Bereich des Potenzialwalls müsste das α-Teilchen eine sehr hohe potenzielle Energie haben. Die Gesamtenergie des α-Teilchens im Kern ist in der Regel deutlich kleiner als sie. Klassisch gesprochen kann also das α-Teilchen den Atomkern nicht verlassen.

Mache plausibel, dass ein α-Teilchen dennoch gelegentlich den Atomkern verlassen kann, dass ein solcher Atomkern also gelegentlich radioaktiv zerfällt!

D Interferenz und Welcher-Weg-Information (WWI) sind komplementär

D.1 Modifizierter Doppelspalt [3]

Bei einem modifizierten Doppelspalt sind die Spalte durch senkrecht zueinander orientierte Polarisationsfolien überdeckt. Dadurch wird der Durchtrittsort der durchgetretenen Photonen markiert: Photonen aus Spalt A seien horizontal polarisiert, die aus Spalt B vertikal. An ihrer Polarisation kann der Durchtrittsort abgelesen werden. Der Spaltabstand betrage 10^{-4} m. Der Schirm ist ca. 3 m vom Doppelspalt entfernt.

a) Begründe, ob Interferenz stattfindet oder nicht. Differenziere dabei, ob du Interferenz bzgl. des Doppelspalts oder bzgl. der Einzelspalte meinst!

b) Zwischen Schirm und Doppelspalt wird nun ein drehbarer Polarisator aufgestellt. Er ist zunächst horizontal orientiert (Polarisationswinkel α = 0).

Beschreibe deine Kenntnis von der Polarisation der auf dem Schirm beobachteten Photonen und die eventuelle Interferenzfigur auf dem Schirm in Abhängigkeit vom Polarisationswinkel α.

c) Wodurch entscheidest du hierbei, ob du ein Welcher-Weg-Experiment oder ein Interferenz-Experiment durchführen möchtest? Glaubst du, dass du rückwirkend Einfluss nehmen kannst, wie sich die Photonen am Doppelspalt verhalten haben?

d) Du findest ein Photon in einem Maximum rechts vom zentralen Maximum. Kannst du entscheiden, durch welchen der beiden Spalte es gegangen ist? Begründung!

3: *Unter http://www.forphys.de/Website/qm/sv/polfilter.html findest du zum modifizierten Doppelspalt mehr Informationen.*

e) Du hast festgestellt, dass ein bestimmtes Photon durch Spalt A gelaufen ist. Kannst du vorhersagen, in welchem Maximum es auf dem Schirm gefunden wird? Grund?

f) Inwiefern kann man das Experiment als ein Experiment mit "verzögerter Entscheidung" (delayed choice) auffassen?

D.2 Doppelspalt-Beleuchtung

Mit dem Programm "Doppelspalt" von **Muthsam** [4] kannst du auch die Folgen einer hypothetischen Messung des Durchtrittsorts von Elektronen durch einen Doppelspalt untersuchen. Dazu wird der Doppelspalt nacheinander mit Licht unterschiedlicher Wellenlänge bestrahlt. Es soll an den durchtretenden Teilchen gestreut werden und so deren Durchtrittsort verraten. Beachte: Rotlicht hat eine relativ große Wellenlänge. Seine Photonen können bei einem Stoß mit Elektronen nur wenig Impuls übertragen und beeinflussen das Elektron deshalb nur wenig. Blaulicht dagegen hat eine relativ kleine Wellenlänge. Seine Photonen können bei einem Stoß mit Elektronen viel Impuls übertragen und beeinflussen das Elektron deshalb stärker. Aber: Blaulicht und Rotlicht haben noch andere Vor- bzw. Nachteile! Wenn Licht auf kleine Teilchen fällt, entsteht ein „Streuscheibchen", dessen Durchmesser von der Wellenlänge abhängt.

Erläutere mit dem Versuchsergebnis die Aussage: "WWI und Interferenz sind komplementär zueinander".

D.3 Gravitationsinterferometer

Es handelt sich um ein Gedankenexperiment nach Wheeler: Für Licht sehr weit entfernter Lichtquellen (z.B. Galaxien) zu uns wirkt eine dazwischenliegende Galaxie wie eine Linse, die Licht ablenken und auf der Erde zur Interferenz bringen kann. Folgende Messungen sind (im Prinzip) auf der Erde möglich:

α) Durch richtungsempfindliche Zähler wird entschieden, ob die Photonen links oder rechts von der Linsengalaxie vorbeiliefen.
β) Auf einem Schirm wird ein Interferenzbild aufgenommen.

Kommentiere die Messmöglichkeiten hinsichtlich WWI und Interferenz. Vergleiche den Zeitpunkt der Messung mit der Zeit des Passierens an der Galaxie. Inwiefern liegt ein "Experiment mit verzögerter Entscheidung" vor?

4:　*Das Programm "Doppelspalt" (* ***www.muthsam.de/doppelspalt.htm*** *) erhältst du bei seinem Autor .*

E Statistische Deutung

E.1 Metallischer Leiter

Metalle sind gute elektrische Leiter. Interessante Elektronenzustände sind u.a. solche mit un-be-stimmtem Ort (be-stimmter Gesamt-Energie) des Leitungselektrons. Solche Elektronen bezeichnet man manchmal als **nicht lokalisiert**.

Was würde man feststellen, wenn man den Ort eines Leitungselektrons nun tatsächlich wiederholt messen würde?

(Kompliziert wird die Messung auch durch die Tatsache, dass Quantenteilchen wie Elektronen nicht unterscheidbar sind. Es wäre also nicht möglich, zu entscheiden, ob die Messung jeweils am gleichen oder einem anderen Elektron vorgenommen wurde.)

E.2 Potenzialkasten

Für ein Elektron in einem Potenzialkasten sei gesichert, dass sich das Elektron in einem **Zustand mit einer be-stimmten Gesamt-Energie** befindet. Würdest du den Ort des Elektrons messen, so würdest du unzusammenhängend streuende Messwerte aus einem Bereich entsprechend der Länge des Aufenthaltsbereichs (des Potenzialkastens) erhalten.

a) Was kannst du aus dieser Tatsache für wiederholte Ortsmessungen in einem solchen Zustand ableiten? Klassisch ist die potenzielle Energie ortsabhängig. Was folgt daraus für die potenzielle Energie in einem solchen Zustand?

b) Gesamtenergie und potenzielle Energie wie auch Gesamtenergie und kinetische Energie sind jeweils komplementär zueinander, d.h. beide können nicht gleichzeitig be-stimmt sein.

Was erwartest du in in einem solchen Zustand be-stimmter Gesamtenergie für die Messung der kinetischen Energie oder der Geschwindigkeit, wenn du immer vom gleichen Zustand be-stimmter Gesamtenergie ausgehst?

c) Würdest du unmittelbar nach einer Messung (ohne erneute Präparation des Ausgangszustands) die Messung wiederholen, würdest du jedoch genau das gleiche Ergebnis erhalten.

(Vorausgesetzt du hättest eine ideale Messung durchgeführt, bei der das Elektron nicht "verbraucht" worden wäre. Solche "zerstörungsfreien Messungen" gibt es, sie sind derzeit allerdings nur für wenige Situationen technisch durchführbar.)

Begründe die Tatsache, dass das Messergebnis jetzt reproduziert wurde!

F Revision des Teilchenbegriffs

F.1 Licht und Photonen

Eine rote Leuchtdiode (Photonenenergie 2 eV) strahle aus größerer Entfernung mit sehr geringer Bestrahlungsstärke ins Auge. Die Bestrahlungsstärke (Energie pro m^2 und s) betrage 0,001 W/m^2. Schätze bei einem Pupillenradius von 3 mm ab, wieviele Photonen pro s auf die Augenlinse fallen. (1 W = 1 J/s; 1 eV = $1,6 \cdot 10^{-19}$ J; Ergebnis: ca. 10^{11} Photonen)

F.2 Sehvorgang mit Photonen

Schon wenige Photonen (größenordnungsmäßig 10), die auf einen Lichtsensor in unseren Augen fallen, lösen dort einen elektrischen Reiz aus, der im Gehirn den Eindruck "Lichtblitz" auslöst. Dazu ist viel weniger Energie nötig als wenn die Energie in einem Lichtstrahl wie in einer klassischen Welle gleichmäßig verteilt wäre. Die Quantenphysik ermöglicht das Sehen bei Dämmerlicht!

Schätze den Radius eines kreisförmig gedachten Lichtsensors auf der Netzhaut mit $1 \cdot 10^{-9}$ m ab (das entspricht etwa 20 Radien eines H-Atoms). Berechne die zugehörige (Kreis-)Fläche eines solchen Lichtsensors und vergleiche mit der Fläche der Eintrittspupille der Augenlinse (Radius ca. 3 mm).

Auf die Fläche des Lichtsensors sollen 10 Photonen der Energie 2 eV auftreffen und einen Reiz auslösen. Wieviel mal mehr Licht müsste durch die Pupille treten, um den gleichen Lichtreiz auszulösen, wenn sich Licht wie eine Welle mit gleichmäßiger Energieverteilung ausbreiten würde?

Auf der Fläche des Lichtsensors müsste dann ebensoviel Energie angekommen sein, wie durch die 10 Photonen.

(Dann würden allerdings alle Lichtssensoren im Auge gleichzeitig ansprechen.)

F.3 Ausblick auf den G-R-A-Versuch [5]

Es gibt einen Versuch, bei dem gesichert ist, dass sich zu bestimmten Zeiten **genau ein** Photon in der Apparatur befindet (also nicht zwei oder mehr und auch nicht keines). Mit diesem einen kann experimentiert werden.

a) Man kann untersuchen, wie sich dieses eine Photon an einem Strahlteiler verhält. Es stellt sich heraus, dass es jeweils auf genau einem der zwei möglichen Wege den Strahlteiler verlässt. Eine elektromagnetische Welle würde mit halber Intensität auf

---

5:   *Der Versuch ist nach seinen Autoren* **G**rangier, **R**oger und **A**spect *(1986) benannt.*

beide Wege aufgeteilt werden.

b) Man kann mit diesem einen Photon einen Doppelspalt-Versuch durchführen.

Die Versuche können beliebig oft wiederholt werden.

Welche physikalische Schlussfolgerung ziehst du aus Versuchen a) und b)?

F.4 H-Atom: Warum finden wir kein kreisendes Elektron?

a) Ort und Geschwindigkeit eines Elektrons sind ohne eine Messung un-be-stimmt. Was kannst du daraus für die Ergebnisse von wiederholten Orts- oder Geschwindig-keitsmessungen (jeweils aus dem gleichen Zustand) voraussagen?

b) Ort und Geschwindigkeit des Elektrons sind komplementär zueinander. Was kannst du daraus für eine Bewegung bzw. Bahn des Elektrons um den Atomkern fol-gern?

c) Auf einer Kreisbahn um den Atomkern rotierende Elektronen sollten nach der klassischen Physik wie eine Antenne elektromagnetische Wellen bzw. Licht abstrah-len. Der Energieverlust sollte solche Elektronen veranlassen in den Atomkern zu stürzen. Warum ist dies ein falscher Schluss?

F.5 He-Atom: Die Atomhülle ist ein Zweiteilchen-Zustand ("Elektronenzwil-ling") [6]

Näherungsweise wird die Elektronenhülle eines He-Atoms oft beschrieben, als bestünde sie aus zwei einzelnen Elektronen. Tatsächlich besteht sie aus einem Elektronenzwilling. Abhängig vom Gesamtspin [7] der Elektronenhülle gibt es zwei Klassen von Zuständen für den Elektronen-zwilling: Solche mit Gesamtspin 0 und solche mit Gesamtspin $1 \cdot \hbar$. Der Energieunterschied zwischen beiden Klassen ist relativ hoch und beträgt größenordnungsmäßig 20 eV. Das ist ei-ner der Gründe, weshalb Übergänge zwischen beiden Klassen sehr selten stattfinden ("verboten sind").

a) Das He-Atom befinde sich in einem Zustand mit Gesamtspin 0 ("Parahelium"). Bei einer Messung findet man für ein Elektron der Hülle den Spin $1/2 \cdot \hbar$ oder aber $-1/2 \cdot \hbar$. Auf welchen Spin muss man dann - ohne weitere Messung – für das zweite

---

6:   *Ein Teilchenzwilling besteht aus zwei "verschränkten" Teilchen. Auch, wenn der Gesamt-Zustand be-stimmte Eigenschaften hat, haben die beitragenden Einzelteilchen ohne Mes-sung un-be-stimmte Eigenschaften. Auch unterschiedliche Teilchen können verschränkt sein, z.B. ein Atom und ein Photon.*

7:   *Siehe Fußnote 13*

Elektron schließen? Warum kann eine Messung am zweiten Elektron nicht den gleichen Spin wie die erste Messung liefern?

b) Das He-Atom befinde sich in einem Zustand mit Gesamtspin $1 \cdot \hbar$ ("Orthohelium"). Bei einer Messung finde man für ein Elektron der Hülle den Spin $1/2 \cdot \hbar$. Welchen Spin hat dann das zweite Elektron?

F.6 Supraleiter: Elektronenzwillinge [8] und Zustände un-be-stimmter Teilchenzahl [9]

Supraleiter verlieren unterhalb einer Sprungtemperatur (typisch 4 – 60 K) jeden elektrischen Widerstand.

Bei einem normalen Leiter ist ein Grund für den elektrischen Widerstand, dass negative Leitungselektronen an die positiven Atomrümpfe des Metalls oder an verunreinigende Atome "stoßen", wobei sie Energie verlieren, und an ihnen gestreut werden.

Bei einem Supraleiter dagegen sagt die Quantenphysik, dass je zwei Elektronen ein Elektronenpaar, das so genannte **Cooper-Paar,** mit einem bestimmten Gesamtimpuls („Gesamtgeschwindigkeit", Schwerpunktsgeschwindigkeit) bilden. Das Cooper-Paar verhält sich ähnlich wie ein Elektronenzwilling. Es bewegt sich als Ganzes – nach klassischer Vorstellung - durch den Leiter und transportiert dabei die Ladung $-2 \cdot e$ (entsprechend der beiden beitragenden Elektronen.) Auch wenn das Cooper-Paar in einem be-stimmten Zustand ist, haben die beitragenden Elektronen un-be-stimmte Eigenschaften, wie bei anderen Teilchenzwillingen. Bei Messungen werden solche Eigenschaften be-stimmt, dass sich die Eigenschaften des Gesamt-Cooper-Paars ergeben.

Der Gesamtspin eines Cooper-Paars ist meist 0, das Cooper-Paar also ein Boson [10]. Wie Photonen bei einer elektromagnetischen Welle, die auch Bosonen sind, sind Cooper-Paare un-be-stimmter Anzahl in den Grundzustand "kondensiert". Um ein Cooper-Paar und erst recht den Grundzustand aufzubrechen, ist relativ viel Energie notwendig. Das kann also nicht bei der Wechselwirkung mit den Atomrümpfen geschehen. Cooper-Paare verlieren in bestimmten Bereichen an die Atomrümpfe keine Energie.

8:    *Vgl. Fußnote 5*

9:    *Zu den Zuständen un-be-stimmter Teilchenzahl gehören auch "kohärente Zustände" ("Glauber-Zustände") bei Bosonen: Messungen der Teilchenzahl liefern streuende Messwerte.*

10: *Ein **Boson** ist ein Quantenteilchen mit einem ganzzahligen Spin (0, $1 \cdot \hbar$, $2 \cdot \hbar$, ...). Man sagt manchmal "Bosonen mögen sich besonders gern" und besetzen mit Vorliebe den gleichen Zustand. Zum Spin vgl. Fußnote 13.*

    *Im Unterschied dazu besitzen **Fermionen** einen halbzahligen Spin ($1/2 \cdot \hbar$, $3/2 \cdot \hbar$, ...). Es gilt das Pauli'sche Ausschließungsprinzip: Es können nie zwei Quantenteilchen in allen Quantenzahlen übereinstimmen: (gleichartige) "Fermionen mögen sich nicht".*

Erkläre,

a) warum bei Supraleitern der Strom widerstandslos transportiert wird!

b) welche Geschwindigkeit das zweite Elektron hätte, wenn – nach Aufbrechen eines "ruhenden" Cooper-Paars durch eine Messung an einem der beiden Elektronen – für dieses erste Elektron die Geschwindigkeit $v_1 = 1 \cdot 10^7$ m/s gemessen würde.

c) welcher Spin sich für das zweite Elektron eines Cooper-Paares ergäbe, wenn für das erste Elektron der Spin $1/2 \cdot \hbar$ gemessen wäre.

F.7 Zum EPR-Paradoxon

Im Paradoxon von Einstein, Podolski und Rosen wird ein Teilchenzwilling betrachtet. Er soll z.B. den Gesamtimpuls 0 (bzw. die Schwerpunktsgeschwindigkeit 0) haben. Misst man jetzt die Geschwindigkeit eines der beitragenden Teilchen, so erhält man einen be-stimmten Wert, sagen wir $3 \cdot 10^7$ m/s. Dann steht unmittelbar fest, dass das zweite Teilchen die Geschwindigkeit $- 3 \cdot 10^7$ m/s hat, "ganz gleich, wo sich die beiden Teilchen gerade befinden, vielleicht sogar an einem Rand unseres Weltalls". Das schien den Autoren paradox. Wie sollte die Information über das Messergebnis an dem einen Teilchen ohne Zeitverlust zum zweiten Teilchen gelangen? Die Relativitätstheorie legt doch die Lichtgeschwindigkeit $c = 3 \cdot 10^8$ m/s als maximale Geschwindigkeit für die Informationsübertragung fest. Man könnte meinen, dass sich beide Teilchen auf die Geschwindigkeiten abgesprochen hätten, zu einem Zeitpunkt, als sie noch beieinander waren. Aber das müsste ohne Ausnahme bei jeder Messung geschehen, was sehr unwahrscheinlich ist.

Die Argumentation hier ist teilweise fehlerhaft, teilweise lässt sie sich mit deinen Kenntnissen der Quantenphysik leicht erklären. Kommentiere beide Aussagen!

F.8 Elektromagnetische Welle als Quantenobjekt

a) In welcher Beziehung steht die quantenphysikalische Beschreibung einer monochromatischen Lasermode [11] nach Glauber [12] zu einer klassischen elektromagnetischen Welle?

b) Erläutere ein Verfahren, mit dem gesichert ist, dass **genau ein Photon** für weitere Experimente zur Verfügung steht. Dazu wird eine Photonenquelle verwendet, die stets zwei Photonen gleichzeitig aussendet. Mit einem von ihnen wird experimentiert. Wozu könnte man das zweite Photon einsetzen? Warum reicht es nicht aus, einen Laserstrahl durch "Graufilter" sehr stark zu schwächen?

11: *Ein Laser kann in verschiedenen Schwingungsformen mit evtl. leicht verschiedenen Wellenlängen schwingen. Eine solche Schwingungsform heißt Mode (häufig auch engl. ausgesprochen; von lat. modus; kein Zusammenhang mit Kleidungsstilen)*

12: *Vgl. Fußnote 7*

G Diskrete Zustände

G.1 Atombau und Spektrallinien

Das H-Atom besitzt verschiedene mögliche Energiestufen. Befindet sich das Atom in einem angeregten Zustand höherer Energie, dann kann es spontan in einen Zustand geringerer Energie bzw. in den Grundzustand übergehen. Die Energiedifferenz wird in Form eines Photons abgegeben.

a) Was kannst du qualitativ über die Farben des ausgesandten Lichts aussagen?

b) Die niedrigsten Energiestufen des H-Atoms sind -13,6 eV, -3,4 eV, -1,5 eV, -0,85 eV [13]. Berechne mögliche Photonenenergien!

c) Wenn die Photonenenergie im Bereich von ca. 1,5 eV bis ca. 3 eV ist, ist das ausgesandte Licht sichtbar. Entscheide für welche Energieübergänge aus den oben genannten Zuständen sichtbares Licht ausgesandt wird!

G.2 Bei **Leuchtdioden** (LED) und anderen Halbleitern bilden sehr viele dicht beieinander liegende diskrete Energien zwei "Energiebänder", die durch eine relativ breite "Bandlücke" bestimmter Energiedifferenz (typisch 1,5 eV bis 3 eV) voneinander getrennt sind. Energien in der Bandlücke sind "verboten". Normalerweise fließt durch solche Bauteile kein Strom. Erst, wenn eine Mindestspannung geeigneter Polarität angelegt wird, beginnt ein Strom zu fließen, wobei Elektronen aus der Unterkante des höherenergetischen Bands in Zustände an der Oberkante des niederenergetische Bands übergehen. Dabei geben sie **weitgehend einfarbiges Licht** einer bestimmten Farbe ab, wie du tagtäglich bei den vielen Leuchtdioden in deiner Umgebung siehst.

Begründe diese Tatsache!

G.3 Ähnlich verhält sich die Lichtquelle in einem **Laserpointer**, der ja hervorragend monochromatisches (einfarbiges) Licht abgibt. Bei ihm wird zusätzlich durch verschiedene Maßnahmen wie Verspiegelung zweier gegenüberliegender Flächen in einem bestimmten Abstand dafür gesorgt, dass das Licht genau einer Wellenlänge hoch verstärkt wird.

Erläutere deinem Freund / deiner Freundin, was ein Laserpointer mit Quantenphysik zu tun hat.

G.4 Eine **Leuchtstoffröhre** (umgangssprachlich "Neonröhre") enthält Quecksilber-Dampf (kein Neon!), bestehend aus vielen einzelnen Quecksilber-Atomen. Durch die angelegte Span-

---

13: *eV ("Elektronvolt") ist eine sehr kleine Energieeinheit, geeignet für die Atomphysik. Ein Elektron, das durch eine Spannung von 1 V beschleunigt wird, nimmt die Energie von 1 eV auf. Photonen des sichtbaren Lichts haben eine Energie von ca. 1,5 – 3 eV. Es gilt die Umrechnung: 1 eV = 1,6·10^{-19} J.*

nung wird den Atomen Energie zugeführt.

Was kannst du über die ausgesandte Lichtstrahlung mit deinen Kenntnissen der Quantenphysik qualitativ aussagen?

Das ausgesandte Licht enthält neben einem Gelb-, Grün- und Blauanteil viel unerwünschtes UV-Licht ("Schwarzlicht"). Deswegen ist die Leuchtstoffröhre innen mit einer "Fluoreszenzschicht" ausgekleidet, die UV-Licht in sichtbares Licht umwandelt. Auch das lässt sich nur mit der Quantenphysik erklären.

Tatsächliche **Neonröhren**, die also Neongas enthalten, werden heute selten eingesetzt, nur noch für Leuchtschriften in der Werbung. Sie senden verschiedene Komponenten von orangerotem Licht aus.

G.5 Manche Zebrastreifen an Fußgängerüberwegen werden mit gelb leuchtenden **Natriumdampf-Lampen** beleuchtet. Na-Licht enthält nur zwei dicht benachbarte Anteile von monochromatischem gelbem Licht.

Du kannst jetzt schon gut erklären, wie die Entstehung dieses einfarbigen (monochromatischen) Lichts mit dem Bau der Na-Atome zusammenhängt!

G.6 Magnetismus und Datenspeicherung

Ein Elektron wirkt wegen des "Elektronenspins" [14] wie ein kleiner Elementarmagnet. Er erzeugt selbst ein kleines Magnetfeld und orientiert sich in einem Magnetfeld entweder parallel ("UP") oder entgegengesetzt parallel ("DOWN") zum Magnetfeld. Die beiden Einstellmöglichkeiten führen zu unterschiedlichen diskreten Energien. Man könnte sich vorstellen, diese Tatsache für ein Element eines Datenspeichers zu nutzen: "1" entspricht UP, "0" entspricht DOWN. Man müsste dann nur noch die Energie messen und würde damit den Speicher auslesen. Zum Speichern einer 1 müsste man Energie zuführen, zum Speichern einer 0 Energie entziehen.

14: *Der **Spin** ist eine Eigenschaft von Quantenobjekten. Früher hat man ihn mit einer Eigendrehung des Quantenobjekts in Verbindung gebracht. Er lässt sich aber nicht mechanisch erklären, er ist ein relativistischer Effekt. Seine Größe ist ein ganz- oder halbzahliges Vielfaches von $\hbar = h/2\pi$ mit dem so genannten Planck'schen Wirkungsquant $h = 4{,}15 \cdot 10^{-15}$ eV·s.*

Allerdings, der Energieunterschied und die Datensicherheit sind gering, der Aufwand wäre hoch.

Bis in die 70-er Jahre hinein wurden jedoch **Kernspeicher** (siehe Bild; die U-förmigen Ferrite sind hier noch nicht zum Ring geschlossen) verwendet, die statt eines Elektrons viele gekoppelte Elektronen in einem Ferrit-Ring nutzten. Auch ein solcher Ferrit-Ring besitzt zwei mögliche Einstellungen der Magnetisierung, die durch elektrische Ströme manipuliert und ausgelesen wird. Er kann 1 bit speichern.

Erläutere grob, was ein solcher Kernspeicher mit Quantenphysik zu tun hat!

Heute nutzt man stattdessen Halbleiterspeicher, die auch nur quantenphysikalisch erklärbar sind.

G.7 Immer dann, wenn man ein Quantenteilchen auf einen endlichen Raumbereich einschränkt, kommt es zur Interferenz, die häufig verbunden ist mit diskreten Energie-Messwerten (manchmal zusätzlich zu kontinuierlichen Energie-Messwerten). Dazu reicht es häufig schon aus, dass das QT durch irgendwelche Kräfte gezwungen wird, sich überwiegend nahe eines bestimmten Zentrums aufzuhalten, wie z.B. einem Atomkern.

Erläutere mit den Stichworten "eingeschränkter Raumbereich" – "nicht entschiedene Möglichkeiten" – "Interferenz" – "diskrete Energien" folgende Beispiele:

a) Teilchen in Potenzialkasten
b) Elektron im H-Atom

G.8 In der folgenden Liste sind nur wenige Begriffe aufgeführt, deren Kern sich ohne Quantenphysik erklären lässt. Unterstreiche sie:

MP3-Player, Festplatte im PC, Medikamente, Fernsehbildschirm (LCD), USB-Speicher, Speicherkarte im Handy oder Fotoapparat, Skateboard, LED, Laserpointer, Digitalanzeige, Digitalkamera, alle elektronischen Geräte, Smartphone, Fußball, Roboter-Steuerung, PC-Maus, Geschwindigkeitsradar der Polizei, Düngemittel, Solarzellen, Umwelt-Messgeräte, Laser-Scanner an der Kasse, Kuli, Geldkarte.

Tatsächlich haben alle Gegenstände, die uns umgeben, letztendlich quantenphysikalische Grundlagen.

XII Lösungen

A.1 Messungen

a) Unmittelbar nach einer Messung erhält man das gleiche Messergebnis, wenn sich in der Zwischenzeit der durch die Messung eingetretene Zustand nicht verändert hat.

b) Jede "klassisch denkbare Eigenschaft" eines Quantenobjekts kann zwar gemessen werden (und ist dann be-stimmt). Dann kann man davon sprechen, dass es die Eigenschaft auch **hat**. Ohne eine Messung ist die Eigenschaft aber in der Regel **un-be-stimmt,** erkennbar an streuenden Messwerten.

c) Durch ein Pol-Filter PO werde die Polarisation gemessen. Lässt man dann die Photonen durch ein gleich orientiertes Pol-Filter AN treten, kommen (im Idealfall) alle Photonen auch durch AN.

d) Nichts!

e) Durch ein Pol-Filter PO werde die Polarisation gemessen. Das Photon hat jetzt be-stimmte Polarisation bzgl. PO, aber un-be-stimmte bzgl. anderen Orientierungen, z.B. AN. Bei der weiteren Messung durch AN kann mit einer bestimmten Wahrscheinlichkeit der Teil von ihnen passieren, der be-stimmte Polarisation bzgl. AN hat.

f)   α) Messungen sind reproduzierbar, d.h. unmittelbar nach einer Ortsmessung (bei der der Ort des Elektrons be-stimmt wurde), ergibt sich der gleiche Messwert.

   β) Präpariert man das Atom wieder in den gleichen Ausgangszustand, dann ist der Ort des Elektrons jeweils un-be-stimmt. Die Messung liefert dann streuende Messwerte.

g) Messung des Durchtrittsorts würde zufällig streuende Messwerte ergeben. Da sich dabei jeweils ein be-stimmter Ort ergibt, kann es nicht zur Interferenz kommen.

B.1 Einfachspalt

Auch beim Einfachspalt wird nicht entschieden zwischen den verschiedenen möglichen (klassisch denkbaren) Durchtrittsorten innerhalb der Spaltbreite b. Deshalb muss es zur Interferenz kommen. Es wird das Beugungsbild des Einfachspalts beobachtet, wenn man viele Photonen nacheinander oder gleichzeitig durchtreten lässt.

B.2 Potenzialkasten

Es wird nicht zwischen zwei klassisch denkbaren Möglichkeiten entschieden, nämlich der Bewegung nach links und der nach rechts.

B.3 Wasserstoff-Atom

a) Der Ort des Elektrons ist ohne Messung un-be-stimmt, d.h. bei wiederholten Messungen aus dem gleichen Zustand ergeben sich streuende Messwerte.

b) Es wird nicht entschieden zwischen einer klassisch denkbaren Auswärts- und einer Einwärts-Bewegung (zunehmender bzw. abnehmender Radius).

c) Es wird nicht entschieden zwischen einer klassisch denkbaren Kreisbewegung im bzw. gegen den Uhrzeigersinn bzgl der gewählten Achse.

B.4 Doppelspalt

a) Nach der Welleninterferenz tritt eine Lichtwelle durch beide Spalte. Die beiden Teilwellen überlagern sich konstruktiv und destruktiv.
b) Für einzelne Photonen wird nicht entschieden, durch welchen Spalt sie treten. Also Interferenz.

C.1 Komplementarität beim H-Atom

a) Beim H-Atom hängt die klassische kinetische Energie von der Geschwindigkeit v, die klassische potenzielle vom Ort x ab. x und v sind komplementär zueinander, d.h. nicht gleichzeitig messbar. Das muss dann auch für E_{kin} und E_{pot} gelten.
b) Klassisch gilt: $E_{ges} = E_{kin} + E_{pot}$. Da beide Energien nicht gleichzeitig be-stimmt sein können, müssen auch E_{ges} und E_{kin} bzw. E_{ges} und E_{pot} zueinander komplementär sein.
c) Ein klassisch denkbarer Ort und eine klassisch denkbare Geschwindigkeit sind komplementär zueinander. Wenn ein Ort gemessen wurde, so fehlt doch eine zugehörige klassisch denkbare Geschwindigkeit, die das Elektron längs einer Bahn zu einem späteren Ort transportieren könnte.
d) Durch die nachfolgende Geschwindigkeitsmessung wird ein früheres Messergebnis für den Ort ungültig gemacht. Vor der v-Messung liegt die Situation vor: "be-stimmter Ort, aber un-be-stimmte Geschwindigkeit", nach der v-Messung die Situation "un-be-stimmter Ort, aber be-stimmte Geschwindigkeit".

C.2 Zerfall radioaktiver Atomkerne

Das klassische Argument ist falsch. Wenn das α-Teilchen im Kern be-stimmte Gesamtenergie E hat, kann es keine be-stimmte potenzielle Energie haben. Beide Energien lassen sich also nicht vergleichen. Un-be-stimmte potenzielle Energie widerspricht einem be-stimmten Ort innerhalb des Potenzialwalls.

D.1 Modifizierter Doppelspalt

a) Da mit einem Polarisator festgestellt werden kann, durch welchen Spalt das Teilchen getreten ist (WWI), kann es nicht zur Doppelspalt-Interferenz kommen. Allerdings wird durch die Polarisatoren vor den beiden Einzelspalten nicht entschieden, an welcher Stelle innerhalb der Einzelspalte Photonen durchtreten. Deshalb kommt es zur Einzelspalt-Interferenz. Man erkennt Maxima und Minima in größeren Abständen als bei der Doppelspalt-Interferenz.

b) Der drehbare Polarisator (mit horizontaler Orientierung; α = 0) lässt zunächst nur Photonen aus Spalt A durch: keine Doppelspalt-Interferenz, wohl aber Einfachspalt-Interferenz.
α = 45 °: bzgl. dieser Orientierung sind die Polarisationen beider Photonensorten un-be-stimmt. Sie können also mit einer gewissen Wahrscheinlichkeit durchtreten. Da für solche Photonen der Durchtrittsort un-be-stimmt ist, kommt es zur Interferenz.
α = 90 °: nur vertikal polarisierte Photonen aus Spalt B können durchtreten: Keine Interferenz. Analog α = 0 °
α = 135°: analog α = 45 °
α = 180 °: wie α = 0 °   usw.

c) Entscheidung durch Polarisator. Bei Schrägstellung Interferenz-Experiment ohne WWI, bei Horizontal- oder Vertikalstellung WWI, aber keine Interferenz. Keine rückwirkende Einflussnahme auf das Verhalten der Photonen am Doppelspalt.

d) Keine Entscheidung möglich. Denn wegen Interferenz kann Durchtrittsort nicht entschieden werden.

e) Es gibt keine Interferenzfigur, da der Durchtrittsort be-stimmt ist.

f) Erst nach dem Durchtritt durch den Doppelspalt wird entschieden, ob ein WWI- oder Interferenz-Experiment durchgeführt werden soll.

D.2 Doppelspalt-Beleuchtung (nach Feynman)

Rotlicht mit großer Wellenlänge überträgt zwar wenig Impuls und Energie an die durchtretenden Elektronen, ermöglicht aber nur ungenaue Messung des Durchtrittsorts (nur leicht verwaschene Interferenzfigur). Abhilfe durch Blaulicht mit kleiner Wellenlänge? Es verbessert die Ortsmessung, überträgt aber viel Impuls und Energie, beeinflusst also die durchtretenden Elektronen stark. Die Interferenzfigur verschwindet fast, aber der Durchtritts ist relativ genau messbar.

D.3 Gravitationsinterferometer (Gedankenexperiment nach Wheeler)

Durch richtungsempfindliche Zähler wird WWI gewonnen: Keine Interferenz. Verzicht auf solche Zähler, also keine WWI, stattdessen Interferenz. Die Photonen passierten die Linsengalaxie Milliarden Jahre vor dem Experiment. Eine Rückwirkung scheint unmöglich! Milliarden Jahre nach dem Passieren wird entschieden, welche Art von Experiment durchgeführt werden soll! Auch dafür passt die Modellphilosophie nicht.

E.1 Leitungselektronen

Man würde das Leitungselektron immer wieder an anderen Orten finden.

E.2 Potenzialkasten

a) Be-stimmte Gesamtenergie und un-be-stimmter Teilchenort: Die potenzielle Energie ist ebenfalls un-be-stimmt.

b) Streuende Werte für kinetische Energie und Geschwindigkeit.

c) Durch die erste Messung entsteht ein neuer Zustand, der einen be-stimmten Messwert als Eigenschaft hat. Erfolgt die zweite Messung genügend schnell, hat sich der neue Zustand noch nicht verändert.

F.1 Licht und Photonen

Bestrahlungsstärke $0{,}001$ W/m$^2 = 10^{-3}$ J/s·m$^2 = 10^{-3} \cdot 10^{19}/1{,}6$ eV/s·m$^2 \approx 0{,}6 \cdot 10^{16}$ eV/s·m^2

Linsenfläche $A_L \approx 3 \cdot 10^{-5}$ m^2 Lichtleistung: $P \approx 0{,}6 \cdot 10^{16}$ eV/s·m$^2 \cdot 3 \cdot 10^{-5}$ m$^2 \approx 2 \cdot 10^{11}$ eV/s . Pro s fällt also die 10^{11}-fache Energie eines Photons auf die Linse, also 10^{11} Photonen.

F.2 Sehvorgang mit Photonen

$r_S \approx 10^{-9}$ m => Fläche des Sensors $A_S \approx 3 \cdot 10^{-18}$ m^2
$r_L \approx 3 \cdot 10^{-3}$ m => Fläche der Linse $A_L \approx 3 \cdot 10^{-5}$ m^2 $A_L/A_S \approx 10^{13}$
=> Damit eine Welle die gleiche Energie auf die kleine Fläche des Sensors sendet, müsste 10^{13} mal mehr Energie durch die Augenlinse fallen.

F.3 Ausblick auf den G-R-A-Versuch

a) Photonen sind am Strahlteiler (und in anderen Situationen) nicht aufteilbar. Sie können gezählt werden, also sind Photonen Quantenteilchen bzw. Teilchen im Sinne der Quantenphysik.
b) Würde man die Nachweisorte des einen Photons hinter dem Doppelspalt wiederholt registrieren, würde sich nach und nach die Interferenzfigur des Doppelspalts aufbauen: Da sich ein Photon am Doppelspalt aber nicht aufteilen kann, können sich nicht zwei Teile davon überlagern wie bei einer Welle: Ein Photon zeigt Einteilchen-Interferenz.

F.4 H-Atom: Warum finden wir kein kreisendes Elektron?

a) Es treten nur unregelmäßig streuende Messwerte von Ort und Geschwindigkeit auf.
b) Es gibt keine Bahn eines Elektrons.
c) Es gibt keine kreisenden Elektronen. Man kann also auch nicht behaupten, dass sie strahlen. Nur angeregte Elektronen können unter Energieabgabe in einen tieferen Energiezustand übergehen, aber nicht in den Kern stürzen (Ort bleibt un-be-stimmt).

F.5 He-Atom: die Elektronenhülle ist ein Zweiteilchen-Zustand ("Elektronenzwilling")

a) Messungen an den einzelnen Elektronen müssen solche Ergebnisse liefern, dass die Erhaltungssätze den Gesamtzustand ergeben. Zu $1/2 \cdot \hbar$ ($-1/2 \cdot \hbar$) gehört $-1/2 \cdot \hbar$ ($1/2 \cdot \hbar$); die Summe beider muss 0 ergeben. Zu einem Spin $1/2 \cdot \hbar$ kann kein gleicher Spin gehören, da dann der Gesamtspin $\hbar$, und nicht 0, wäre.
b) Bei Gesamtspin $\hbar$ können nur zwei gleiche Spins $1/2 \cdot \hbar$ beitragen.

F.6 Supraleiter: Elektronenzwillinge und Zustände un-be-stimmter Teilchenzahl

a) Cooper-Paare können keine Energie verlieren, weil dann der Grundzustand aus einer un-bestimmten Zahl von Cooper-Paaren aufgebrochen werden müsste, was sehr viel Energie erfordert.
b) Wenn für das eine Elektron aus einem ruhenden Cooper-Paar 10^7 m/s gemessen wird, muss das zweite beitragende Elektron die Geschwindigkeit -10^7 m/s haben.
c) Wenn ein Spin zu $1/2 \cdot \hbar$ gemessen ist, muss der zweite Spin $-1/2 \cdot \hbar$ sein.

F.7 Zum EPR-Paradoxon

Die Diskussion ist fehlerhaft, da Ort und Geschwindigkeit (Impuls) zueinander komplementär sind. Es kann also keine Rede davon sein, dass die beiden Elektronen nach einer Messung gleichzeitig eine be-stimmte Geschwindigkeit haben und einen Ort, z.B. am Rand des Weltalls.

Es braucht keine Information von einem Teilchen an das andere weitergegeben werden, da Erhaltungssätze nicht verletzt sein können. Für einen ruhenden Elektronenzwilling folgen entgegengesetzt gleiche Geschwindigkeiten beider beitragender Teilchen (damit der Schwerpunkt in Ruhe bleibt).

F.8 Elektromagnetische Welle als Quantenobjekt

a) Nach Glauber muss eine monochromatische elektromagnetische Welle durch einen **Zustand un-be-stimmter Photonenzahl** beschrieben werden, wobei alle Photonen identisch sind. Photonenzahl, die Feldstärken **E** und **B**, bzw. ihre Amplituden und Phasen, sind un-be-stimmt, streuen also sehr stark.

α) Die **Erwartungswerte** verhalten sich aber wie bei einer klassischen elektromagnetischen Welle, unabhängig von der Teilchenzahl.
ß) Mit zunehmender mittlerer Teilchenzahl werden die Streuungen zwar immer größer, fallen aber im Vergleich zu den noch stärker wachsenden Erwartungswerten immer weniger ins Gewicht. Für **sehr große mittlere Teilchenzahlen** unterscheiden sich Messwerte für **E** und **B** so gut wie nicht von den Erwartungswerten: sie verhalten sich wie eine klassische elektromagnetische Welle.

b) Von der Zweiphotonenquelle wird das eine Photon dazu hergenommen, die Apparatur "scharf" zu schalten. Das zweite Photon trifft nur dann auf eine messbereite Apparatur. Durch Graufilter kann zwar der Erwartungswert der Photonenzahl stark geschwächt werden, z.B. auf 1 Photon pro s (im Mittel). Aber es kann so nicht ausgeschlossen werden, dass in manchen s kein Photon auftritt, in manchen 2 oder gar 3.

G.1 Atombau und Spektrallinien

a) Bei diskreten Energiestufen können auch die Energiedifferenzen nur diskrete Werte annehmen. Wenn Atome also Licht abgeben, wird die Energie in Form von Photonen mit Energien abgestrahlt, die solchen Energiedifferenz entspricht. Das abgestrahlte Licht enthält also nur bestimmte Farben.
b) Mit den angegebenen Energiestufen des H-Atoms lassen sich nur folgende Energiedifferenzen bilden:

(1) 13,6 eV – 3,4 eV = 10,2 eV	(4) 3,4 eV – 1,5 eV = 1,9 eV	(6) 1,5 eV – 0,85 eV = 0,65 eV
(2) 13,6 eV – 1,5 eV = 12,1 eV	(5) 3,4 eV – 0,85 eV = 2,55 eV	
(3) 13,6 eV – 0,85 eV = 12,75 eV		

Die ausgesandte Photonen haben die angegebenen Energien 10,2 eV, ...

c) Nur die Photonen (4) und (5) gehören zu sichtbarem Licht. (1) – (3): UV; (6): IR

G.2 Leuchtdioden

Bei Übergängen zwischen den Rändern der Bandlücken werden Photonen be-stimmter Energie ausgesandt, die zu Licht einer bestimmten Farbe gehören. Durch Manipulation des Bandab-stands lässt sich die Farbe des Lichts verändern.

G.3 Laserpointer

Ein Laserpointer ist ähnlich aufgebaut wie eine Leuchtdiode. Wenn es - im Widerspruch zur Quantenphysik - keine Energiebänder mit Bandlücken gäbe, könnten keine Photonen (weitge-hend) einheitlicher Energie abgestrahlt werden. (Durch zusätzliche Maßnahmen wird fast aus-schließlich Licht einer bestimmten Wellenlänge ausgestrahlt.)

G.4 Leuchtstoffröhre

Quecksilber-Atome besitzen viele diskrete Energiestufen. Die Atome werden durch die ange-legte Spannung "angeregt". Sie verlieren die zugeführte Energie wieder durch Übergänge zwi-schen zwei diskreten Energiestufen. Die Differenzenergie wird in Form von Photonen be-stimmter Energien (Licht-Farben) abgegeben.

G.5 Natriumdampf-Lampe

Auch hier haben die Atome diskrete Energiestufen. Der Na-Dampf wird durch die angelegte Spannung in höhere Energiestufen angeregt. Die Atome geben diskrete Werte von Energie in Form von Photonen ab und gehen dabei wieder in einen energieärmeren Zustand bzw. den Grundzustand über. Dabei geben sie unterschiedliche Photonen ab, von denen nur zwei Sorten im Bereich des sichtbaren Lichts (gelb) liegen.

G.6 Magnetismus und Datenspeicherung

Ähnlich wie ein einzelner Spin im Magnetfeld nur zwei Einstellmöglichkeiten mit unterschied-licher Energie besitzen kann, besitzt ein Ferrit-Ring (mit vielen gekoppelten Spins) zwei stabi-le Zustände mit unterschiedlicher Energie. Auch, dass sich die vielen Spins in ihm gleich aus-richten, lässt sich nur mit der Quantenphysik korrekt erklären.

G.7 Diskrete Energiestufen

a) **Im Potenzialkasten** ist das Teilchen auf einen endlichen Raumbereich beschränkt. Nach klassischer Vorstellung hat das Teilchen zwei Bewegungsmöglichkeiten: nach links oder nach rechts. Weil zwischen diesen klassisch denkbaren Möglichkeiten nicht entschieden wird, kommt es zur Interferenz. Weil der Raumbereich beschränkt ist, entstehen Zustände mit diskreten Energiewerten.

b) Nach klassischer Argumentation wird das **Elektron des H-Atoms** durch die Coulomb-Kraft nahe an den Kern gezogen. Es wird überwiegend irgendwo in der näheren Umgebung des Kerns gefunden werden. Weil z.B. nicht zwischen den klassisch denkbaren Möglichkeiten Bewegung nach außen – Bewegung nach innen entschieden wird, kommt es zur Interferenz mit Maxima und Minima der Nachweiswahrscheinlichkeit. Durch die Einschränkung des "Aufenthaltsbereichs" entstehen diskrete Energiestufen.

G.8 Ohne Quantenphysik lassen sich nur die unterstrichenen Begriffe erklären:

MP3-Player, Festplatte im PC, Medikamente, Fernsehbildschirm (LCD), USB-Speicher, Speicherkarte im Handy oder Fotoapparat, <u>Skateboard</u>, LED, Laserpointer, Digitalanzeige, Digitalkamera, alle elektronischen Geräte, Smartphone, <u>Fußball</u>, Roboter-Steuerung, PC-Maus, Geschwindigkeitsradar der Polizei, <u>Düngemittel</u>, Solarzellen, Umwelt-Messgeräte, Laser-Scanner an der Kasse, <u>Kuli</u>, Geldkarte

i   **G-R-A-Versuch**: ~/qm/exp/v28.html oder auch ~/student/studgloss/sg110.html. Bei allen Links hier und folgend bedeutet die Tilde ~ : **http://www.forphys.de/Website** . Der Versuch ist nach seinen Autoren **G**rangier, **R**oger und **A**spect (1986) benannt.

ii   **http://www.forphys.de/overview.html**

iii   Eigentlich besser mit dem Spin zu erläutern, da Polarisation eine kontinuierliche Variable ist, was andere Komplikationen einführt. Die Polarisation wird dennoch hier verwendet, weil sie der Schule experimentell zugänglich ist.

iv   Besorge dir eine Polarisationsbrille (ca. 3 Euro). Bringe einen Pfeil an einer Hälfte an gemäß Bild S. 10. Drehe die Brille vor dem PC-Bildschirm. Bei einer bestimmten Orientierung geht quasi alles Licht hindurch. Dann weißt du, das Licht vom Bildschirm ist in Pfeilrichtung polarisiert.

v   Die Versuche 1 - 4 lassen sich auch als Realexperimente den zwei Hälften einer billigen Polarisationsbrille und mit einem **LCD-Bildschirm** (~/qm/schulversuche/polfilter2.html) und durchführen. Siehe Abb. S. 4. Der Bildschirm BS ist hier zugleich Lichtquelle und Polarisator PO. Unter **~/phlc/svphoton.html** findest du mehr Informationen zur **Simulation**.

vi   Für helles Licht lassen sich die Versuchsergebnisse auch mit der klassischen Physik erklären. Am Experiment mit hellem Licht kannst du jedoch das Gleiche beobachten wie mit einzelnen Photonen. Für sie versagt eine klassische Erklärung. Mit einzelnen Photonen kannst du Eigenheiten der Quantenphysik besser kennenlernen.

vii   *~/sv/polfilter.html*

viii BS im Bild weist auf den LCD-Bildschirm hin, der zugleich als Lichtquelle und Polarisator PO wirkt.

ix   Tatsächlich werden beim Durchgang durch einen realen Polarisator auch einige Photonen absorbiert. Das spielt für das Grundsätzliche hier keine Rolle und wir wollen es - idealisierend - vernachlässigen.

x   Un-be-stimmt/be-stimmt wird in diesem Text gar nicht dudenmäßig mit Bindestrichen geschrieben, um darauf hin zuweisen, dass das Wort hier eine andere Bedeutung hat als in der Umgangssprache.

xi   Der Elektronen**spin** ist eine Eigenschaft von Elektronen, die keine klassische Entsprechung hat. Früher hat man ihn manchmal durch eine Eigendrehung eines Elektrons um seine Achse veranschaulicht. Aber was soll eine Drehung eines punktförmigen Körpers sein? Bis heute sagen Experimente, dass der Durchmesser eines Elektrons kleiner als jede messbare Länge ist.

xii   (~/qm/gloss/spin.html)

xiii **Quantenobjekt** ist der Oberbegriff für alle Gegenstände der Quantenphysik. Dazu gehören z.B. Quantenteilchen.

xiv Bei einem beschränkten Auflösungsvermögen des Zählgeräts heißt das be-stimmte Messergebnis z.B. "die y-Koordinate des Ortes ist ein Wert in einem Intervall der Breite Δy um den Wert $y = y_0$ herum."

xv   Das Programm "Doppelspalt" erhältst du bei seinem Autor: **www.muthsam.de/doppelspalt.htm**

xvi (Die Schrödinger-Gleichung ist eine Methode, um solche möglichen Messwerte und

Wahrscheinlichkeiten in Einklang mit der Realität vorherzuberechnen.

xvii   Dass im Fadenstrahlrohr ein recht dicker leuchtender "Faden" für die Kreisbahn der Elektronen von ca. 1 mm Durchmesser sichtbar ist, hat andere Gründe: Die Wehnelt-Röhre ist mit einem Gas gefüllt, das durch die Elektronen zum Leuchten angeregt wird. Dabei werden die Elektronen an den Gasatomen abgelenkt und beschreiben auch nach klassischer Rechnung Zick-Zack-Bahnen in der Nähe der theoretischen Kreisbahn. Ähnliches gilt für die Elektronenstrahl-Ablenkröhre. Die quantenphysikalischen Abweichungen von der Kreisbahn hängen dagegen damit zusammen, dass der Ort eines Elektrons in Wirklichkeit un-be-stimmt ist und erst durch eine Messung be-stimmt gemacht wird.

xviii   Vgl. Endnote XI

xix   Mit "Schüler" oder der Abkürzung "Sch" sind selbstverständlich Schülerinnen oder Schüler gemeint.

xx   Anders als manche andere Autoren behaupten, geht es hier nicht darum, ob die Möglichkeiten **entscheidbar** sind, sondern ob **entschieden wird**. Natürlich lässt sich beim Doppelspalt der Durchtrittsort durch eine Messung entscheiden.

xxi   Unter http://www.forphys.de/Website/qm/sv/polfilter.html findest du zum modifizierten Doppelspalt mehr Informationen von Versuch 8.

xxii   Der Laser sollte so polarisiert sein, dass er beide Einzelspalte mit durchtrittsfähigen Photonen versorgt.

xxiii   Der Versuch lässt sich auch als Quantenradierer interpretieren.

xxiv   Bei Atomen (man verwendet so genannte Rydberg-Atome, wie hoch angeregtes Rubidium) besteht die Wegmarkierung z.B. aus einem Photon extrem geringer Energie, das die Atome in der Nähe des einen oder anderen Spalts hinterlassen.

xxv   Man könnte einige Einwände haben: Durch das hinterlassene Photon haben die Atome Energie verloren. Es handelt sich um einen Eingriff von außen, der das Versuchsergebnis verfälschen könnte. Aber das geschieht mit den Photonen beider Sorten. Nur die Positionen des hinterlassenen Photons unterscheiden sich und verraten den Durchtrittsort. Außerdem kann man prinzipiell die Photonenenergie vernachlässigbar klein machen.

xxvi   Man könnte auch annehmen, dass sich die Atome beim Durchtritt durch den Doppelspalt gegenseitig beeinflussen und so in ihr jeweiliges Maximum lenken. Es können jedoch moderne Experimente mit **einzelnen** Quantenteilchen (**G-R-A-Versuch:** ~/qm/exp/v28.html) durchgeführt werden. Dabei ist gesichert, dass in der Apparatur nur dieses einzige Quantenteilchen vorhanden ist. Es ergeben sich die geschilderten Beobachtungen. (Allerdings: mit einem einzigen Quantenteilchen kann man an den Positionen der Maxima keine Gruppen von Teilchen finden. Erst, wenn man den Versuch mit jeweils einem gleichen QT wiederholt und die Nachweisorte registriert, findet man die Maxima als Orte, in denen häufig ein Quantenteilchen nachgewiesen wird, in den Minima nie.)

xxvii   Ein berühmtes **Gedanken-Experiment** (~/qm/exp/v20.html) dazu stammt von Wheeler. Es wurde im Labor vielfach **realisiert** (~/qm/exp/v29.html).

xxviii   Die Schrödinger-Theorie der QP ist eine korrekte mathematische Formulierung der Quantentheorie. Auch sie arbeitet mit Wellen; vielleicht hast du anderswo schon von der Schrödinger-Gleichung gehört. Auch beim Doppelspaltversuch werden in ihr Wellen überlagert. Es handelt sich aber um abstrakte Wellen, die sich nicht im uns umgebenden Raum (dem Anschauungsraum) ausbreiten, sondern in abstrakten, evtl. hochdimensionalen Räumen. Für ein Zweiteilchen-System breiten sie sich z.B. in einem abstrakten 6-dimensionalen Raum aus, den sich niemand vorstellen kann und es auch nicht möchte. Solche Wellen werden als Lösungen der **Schrödinger-Gleichung** korrekt beschrieben.

xxix   Ein Laser kann in verschiedenen Schwingungsformen mit evtl. leicht verschiedenen Wellenlängen schwingen. Eine solche Schwingungsform heißt Mode (häufig auch engl. ausgesprochen; von lat. modus; kein Zusammenhang mit Kleidungsstilen)

xxx   Siehe Endnote X

xxxi   Bei einem berühmten Paradoxon, dem Einstein-Podolsky-Rosen-Paradoxon (**EPR**), hat das viele Diskussionen ausgelöst. Bei einem Elektronenzwilling, dessen Schwerpunkt im Labor ruht, werde an **einem** Elektron die Geschwindigkeit gemessen. Man erhält z.B. $1 \cdot 10^7$ m/s. Dann steht gleichzeitig ohne Zeitverzug (ohne weitere Messung) fest, dass das zweite Elektron die Geschwindigkeit - $1 \cdot 10^7$ m/s haben muss, "ganz gleich, wie groß die Entfernung zwischen den beiden Elektronen ist". Dahinter steckt die Tatsache, dass zwar vom Gesamtsystem "Teilchenzwilling" Eigenschaften bestimmt sind (hier Impuls bzw. Geschwindigkeit 0). Die Geschwindigkeiten der beiden Elektronen sind aber ohne Messung un-be-stimmt. Nach einer Messung sind beide Geschwindigkeiten so be-stimmt, dass die "Gesamtgeschwindigkeit" 0 ist. Der Schwerpunkt ruht dann. Das besagt der Impulserhaltungssatz. Nichts ist paradox.

xxxii   (~/qm/gloss/modellphilo.html)

xxxiii   Die Schrödinger-Gleichung kann direkt nur mit Zuständen be-stimmter Teilchenzahl umgehen, also mit 1 Teilchen oder mit 2 Teilchen, usw. Bei einem Teilchenzwilling ist schon eine 6-dimensionale Schrödinger-Gleichung nötig. Ihre Lösungen "breiten sich" in einem abstrakten 6-dimensionalen Raum aus, den sich niemand vorstellen möchte.

xxxiv   Man kommt nicht zu klassischen elektromagnetischen Wellen, wenn man eine bestimmte Photonenzahl gegen unendlich gehen lässt! Umgekehrt kommt man nicht zu einzelnen Photonen, wenn man in einem Laserstrahl die Intensität durch Filter stark reduziert. Man kommt dann höchstens zu Zuständen mit "im Mittel einem Photon".

xxxv   **Diskrete Energien** sind von Nachbarwerten der Energie durch mehr oder weniger große Energielücken getrennt. Sie sind ein Quanteneffekt. Andernfalls heißen die Energien "kontinuierlich" verteilt. Manchmal kommen diskrete und kontinuierlich verteilte nebeneinander vor. "Diskret" hat hier nichts mit Höflichkeit zu tun.

Stichwortverzeichnis